お金の
悩みが
なくなる!

オカネコ家計教室

中村 仁
Nakamura Jin

幻冬舎
MC

はじめに

「無駄遣いしているつもりはないのに、お金が貯まらない」
「周囲の人が投資を始めたという話を聞くと、不安やあせりを感じてしまう」
「今の生活でいっぱいなのに、どうしたら老後の準備なんてできるの？」

　先行き不透明な現代において、お金にまつわる悩みは尽きません。しかし、「難しい」「よく分からない」「時間があるときに考えよう」などと、解決を先送りにしてしまうと、「分からない」が山のように積み上がり、やがて手がつけられないほど大きな不安となって常に頭の片隅に居座るようになってしまいます。

　こうしたお金にまつわる悩みは、一つひとつを紐解いていけば、実は容易に解決できるものばかりです。まずは今の収入がいくらで支出がいくらなのかを把握して、お金に関する正しい知識を身につける。次にライフプランシミュレーションによって将来必要なお金を見える化する。そして、計画的に必要なお金を積み上げる。この３つのステップで「分からない」を減らしていくことで、将来何のためのお金がいくら必要なのかが見えてきて、適切な資産形成、資産運用ができるようになります。

私は現在、"お金の悩みや疑問を持つ人" と "お金の専門家" をマッチングさせるプラットフォーム「オカネコ」を運営する会社の社長を務めています。オカネコは、チャット上で簡単な質問に答えるだけで家計状況を診断してもらうことができ、プロのアドバイスが届いたり、個別チャットで悩みを相談できたりするサービスです。2018 年のリリース開始からユーザーが抱えるお金の問題を出会いで解決し、2024 年 4 月現在、累計ユーザー数は約 100 万人にのぼります。

　お金に関する正しい知識を得ることは、今後の人生を充実させるために欠かせません。本書では、オカネコのキャラクターである「おかねこ」が、私に代わって主人公たちの疑問や不安を解決していきます。

　おかねこのアドバイスが、読者の皆さんのお金にまつわる悩みと不安を解決し、自信を持って人生を切り拓いていくきっかけになれば、これほどうれしいことはありません。

登場人物紹介

三上さくら（33）

誕生日：3月27日
血液型：A
職業：会社員（育休中）
家族構成：夫・悟志（35歳）、長男・陸（4歳）、長女・そら（8カ月）
住居：横浜市の賃貸マンション
将来の夢：家族で広い一軒家に住むこと。

姉

妹

山口モモ（27）

誕生日：3月3日
血液型：O
職業：会社員
家族構成：同棲中の彼氏・祐樹（27歳）
住居：静岡県富士市の1LDKの賃貸マンション
将来の夢：お金持ちになって、老後を楽しく過ごすこと。

おかねこ

誕生日：？？？
年齢：？？？
血液型：？？？
趣味：困っている人へ
のお金のアドバイス

ファイナンシャルプランニングの知識が
なぜか豊富な謎のネコ。家計管理と将来
設計に悩む人々を見つけては、アドバイ
スを送り続けている。ちょっとおせっかい
だけど憎めない存在。

目次

第1章

お金が貯まらないのは
なぜにゃ？

資産と負債を把握してバランスを図る
【家計管理術】

第2章

人生にはどれぐらいの
お金がかかるにゃ？

将来必要なお金を見える化する
【ライフプランシミュレーション】

第3章

効率よくお金を貯めるには
どうすればいいにゃ？

投資と保険で賢く増やす
【資産運用術】

第1章

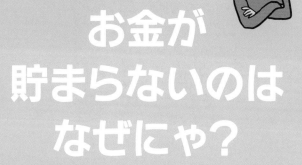

お金が
貯まらないのは
なぜにゃ？

資産と負債を把握してバランスを図る
【家計管理術】

そんなに無駄遣いしているつもりはないのに、気が付いたらいつもお金がなくなっている……！　そんな日々にうんざりしていませんか？　お金が貯まらない生活にはもうサヨナラ、正しく使ってしっかり残す貯め体質を目指しましょう！

無駄遣いしているわけではないのに、
どうしてお金が貯まらないの?

あ〜あ、今月も貯金できなかったな〜。これから子どもたちにもお金がかかってくるのにどうしよう……。

クレジットカードの引き落としがあるたびに、こんなに使ったかなってびっくりしちゃうよね。結婚資金も貯めたいのに大丈夫かなあ。

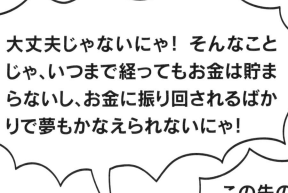

大丈夫じゃないにゃ！ そんなことじゃ、いつまで経ってもお金は貯まらないし、お金に振り回されるばかりで夢もかなえられないにゃ！

この先の人生で2人がお金に困らないよう、このおかねこが指南してあげるにゃ！

お金を貯める第一歩は、支出を把握すること!

家計簿をつけて、支出を把握しよう

　若い頃はあまり貯蓄の必要性を感じないかもしれませんが、人生のステージが進んでいくにつれて、結婚や新生活、出産、子育て、住宅取得などお金のかかる場面が増えていきます。若いうちから貯蓄をしておくことは、将来の自分のためにもなるのです。

　お金を貯めるには、まず自分のお金の使い方を把握することが重要です。家計簿をつけると何にどれくらいお金を使っているのかが見えてきます。お金の使い方を把握するのが目的なので、長期間継続する必要はありません。年末年始や友人の結婚式など特別なイベントがある月だと普段の自分の出費が見えづらくなってしまうのでそのような月は避け、まずは「1カ月」と期間を区切って、トライしてみましょう。

家計簿はざっくり
つければ大丈夫

「コンビニ代」「おやつ代」「推し活代」とか、大まかな項目でいいんだね。

貯蓄の大敵「使途不明金」を家計簿をつけてあぶりだすにゃ!

支出を把握できたら、見直す費目を決めよう

　1カ月家計簿をつけて支出が把握できれば、「仕事帰りのコンビニで思ったより使っている」など気になる点が出てきます。家計の支出は、毎月決まった金額が出ていく固定費と月によって支出額が異なる変動費に分けられます。簡単に取り組める費目や節約効果の大きい費目から一つずつ支出を減らすようにしましょう。

家計の支出は固定費と変動費に分けられる

＼ 固定費 ／

通信費
固定電話・携帯電話料金、
Wi-Fiなどインターネット利用料

住居費
家賃、管理費、修繕積立費、住宅ローン

自動車関連費
自動車ローン、自動車保険料、駐車場代、
車検・点検費用、ガソリン代

保険料
生命保険料、火災・地震保険料

水道光熱費
電気、ガス、水道

サブスクサービス費
動画配信サービス、スポーツクラブなど

＼ 変動費 ／

食費
食材、外食

被服・美容費
洋服、化粧品、美容院代

娯楽・交際費
映画、レジャー、会食、贈り物代、
ゲーム・アプリ代

医療費
病院や調剤薬局、市販薬など

日用品費
洗剤、ティッシュなど

交通費
電車代など移動に使うお金、
交際費に含めてもOK

1カ月に3000円減らせたら……、
30年で100万円以上も減るの！？

毎月支出を減らせるから、固定費の削減がおすすめにゃ！

固定費の節約術

通信費 — 携帯電話やインターネットの通信量を見直そう

通信費削減のチェックポイント

- ☐ 通信量を把握する
- ☐ 家族向け・学生向けプランを検討する
- ☐ 格安SIMを利用する
- ☐ プロバイダを乗り換える

　固定費の中でも最も手をつけやすく、効果も高いのが通信費です。携帯電話のプランを何年も見直していない人は、すぐに見直しを行いましょう。

　まずは、自分がどのぐらいの通信量を使っているかを把握したうえで、過不足のないプランにするのが重要です。家族向け、学生向けに格安のプランを提供する事業者もあります。

　格安SIMは携帯電話番号を変えずに乗り換え可能で、メッセージアプリもそのまま使えます。ただし、キャリアのメールアドレスは引き継げないことには注意しましょう。

　Wi-Fiなど自宅のインターネット利用料も、プロバイダを乗り換えることで大幅に削減できる場合があります。光熱費や携帯電話などのほかのサービスとセット契約することで格安になることもあるので調べてみましょう。

住居費 －家賃や住宅ローンを見直そう

住居費削減のチェックポイント

\ 賃貸の場合 /　　　　　\ 持ち家の場合 /

☐ 家賃・更新料の交渉　　　☐ 住宅ローンの借換

☐ 引っ越し　　　　　　　☐ 住宅ローンの条件変更

　住居費を減らすことを検討する際、賃貸の場合は、更新時に家賃交渉をする手があります。近隣の似た物件や同じ建物の別の部屋の家賃をもとに、交渉してみましょう。家賃は無理でも、更新料や管理費を下げてもらえるケースもあります。

　また、家賃の安い家に引っ越すのも選択肢の一つです。駅からの距離や築年数、広さやセキュリティなど許容できる条件を下げて家選びをすることで、家賃を大幅に下げられます。

　一方、持ち家で住宅ローンを返済中の場合、別の金融機関で、すでに組んでいるローンより金利の低いローンに借り換えるという方法があります（借換）。ただし、借換は手数料が高い場合もあり、手続きも大変なので、まずは返済中の金融機関に「条件変更」として、金利を下げてもらえないかを交渉するのがよいでしょう。

自動車関連費削減のチェックポイント

- ☐ 自動車保険を代理店型からダイレクト型に変える
- ☐ 車両保険をはずすことを検討
- ☐ 買い替え時は新車ではなく中古車を選ぶ
- ☐ 買い替えサイクルを長くし、同じ車に長く乗る

　自家用車にかかる費用を減らすには、毎年の自動車保険の更新時に保険会社や保険の内容を見直しましょう。自動車保険のなかには、代理店を通さずに直接保険会社と契約を行うダイレクト型自動車保険があります。代理店を通さない点を不安に感じる人もいますが、その分保険料が安く、基本的に手続きがインターネットで完結するというメリットもあるので、選択肢の一つとして有効です。

　保険料を大きく下げる方法として、車両保険をはずすという手もあります。ただし、はずしてしまうと事故の際の修理費は全額自己負担となるため注意が必要です。

　また、買い替えの際に車のグレードを下げたり、中古車にしたりするという手もあります。頻繁に乗り換えるよりも、同じ車に長く乗るほうがコストは下げられるというのも押さえておくべきポイントです。

　そもそも利用頻度が低い場合には、最初から自家用車をもたずカーシェアリングを利用することで、自動車関連費の削減を検討するのもよいでしょう。

保険料 − 必要な保険を見直そう

保険料削減のチェックポイント

- ☐ 死亡リスク、病気・ケガのリスク、働けなくなるリスクへの備えができているか確認する
- ☐ 公的な保険を活用できることを前提に、不足分を補う保険に加入する
- ☐ 必要性の高い保険に絞って、過不足ない保障を設計する
- ☐ 保険に詳しいプロの力を借りるのもおすすめ
- ☐ 保険は一度見直して終わりではなく、定期的にチェックしよう

　万一の事態に備える保険料は過剰になっている家庭も多く、見直すことで大幅な支出削減も期待できます。

　保険には、死亡リスクをカバーする死亡保険、病気やケガの治療費として備える医療保険やがん保険、働けなくなったときの収入源となる就業不能保険のほか、自動車事故に備える自動車保険、住宅の火災や災害、地震などに備える火災保険や地震保険などがあります。

　ただし、あらゆるリスクを保険商品でカバーする必要はありません。例えば、死亡や病気、働けなくなったときには、公的年金や健康保険からある程度の給付を受けられます。自分や家族が公的な制度でどの程度の給付を受けられるかを確認し、不足する分に絞って加入するのが合理的です。

　一度見直したら終わりではなく、定期的にチェックしていくことも重要です。

水道光熱費 ― 電力・ガス会社を見直そう

水道光熱費削減のチェックポイント

- ☐ 電力会社の変更
- ☐ プロパンガス会社の変更
- ☐ 電力・ガス会社の統一
- ☐ 家電の買い替え時には省エネ家電を選ぶ
- ☐ シャワーヘッドは節水型に

　水道光熱費の節約は、実は支出を減らす効果はそれほど高くありません。事業者の見直し・変更など、まずはストレスなく支出を減らせる方法に着手しましょう。

　電気代は検針票をもとに web サイトで詳細にシミュレーションし、料金を下げられるようなら電力会社を乗り換える手があります。事業者を変えなくても、契約プランや契約アンペアを変更することで安くできることもあります。

　また、電力とガスをセットにしたり、携帯電話など別のサービスと合わせて契約したりすることで電気代を安くすることもできます。エアコンや冷蔵庫など電力消費量の多い家電は、省エネ型を選びます。

　戸建ての持ち家で、プロパンガスを利用しているなら、ガスの事業者は自分で変更できます。プロパンガスの料金は事業者が自由に設定しているため、業者の変更も検討しましょう。変更する前に、利用している事業者に値下げしてもらえないか交渉する手もあります。

サブスクサービス費 ─ 利用していないサービスがないか見直そう

サブスクサービス費削減のチェックポイント

- ☐ 動画配信サービス
- ☐ 音楽配信サービス
- ☐ 定期購読の新聞・雑誌
- ☐ スポーツジムの会費

- ☐ 定期購入のサプリ、化粧品など
- ☐ 月額課金のアプリ
- ☐ 使っているサービスの各種オプション

お金が貯まらない人の多くは、利用しているサブスクサービスに無駄や重複が生じているケースが多いです。

まずは利用しているサービスをすべてリストアップし、どのぐらい利用しているか、今後も利用するかどうかを考えてみましょう。契約していることを忘れているものもあるかもしれません。

絞り込めないか、本当に必要なサービスかを改めて見直しましょう。

さくらの場合

動画配信サービス2種類	月3500円
音楽配信サービス1種類	月1000円
悟志のスポーツジム	月4000円
健康食品定期便	月2000円

見られる作品がかぶってるし、動画配信サービスは1種類でよいかも。

ジムもほんとに通ってるかにゃ？　確認してみるにゃ！

変動費の節約術

変動費は管理する項目を一つ決めよう

固定費の見直しがひととおり終わったら、変動費の見直しにも着手しましょう。

固定費は一度見直せば支出減効果がずっと続くものが大半ですが、変動費はそうもいきません。変動費は毎日の習慣で決まるものですが、人が習慣を変えることは難しく、ストレスを伴うからです。例えば食費を減らしたいと思うなら、買い物の中身や頻度、食べるものや献立まで変えていく必要があります。

このため、あれもこれもと頑張ると挫折しやすくなってしまうので、管理する費目を一つ決めて集中して取り組みましょう。

その際は、やみくもに買い物を我慢するのではなく、予算を決めて守ることを徹底すると実行しやすくなります。例えば、「コンビニでおやつを買うのは月3000円まで」と決めて、このラインを守れるように買い物をするのです。家計簿アプリの中には予算機能があるものもあるので、こうしたアプリを使うと管理も簡単です。

食費 ― 毎日の上限額を決め、無駄遣いをなくそう

食費を減らす行動リスト

- ☐ 毎月の上限額を決める
- ☐ まずは外食の頻度を減らす
- ☐ 買い物の前に献立を決めて、余計なものを買わないように
- ☐ 買い物リストを作って買い漏れを防ぎ買い物の頻度を減らす
- ☐ ネットスーパーを上手に活用
- ☐ 誘惑の多い店や売り場に近づかない

　食費が高くなり過ぎている家庭の多くは、外食が多い家庭です。まずは外食の頻度を減らし、自炊を心がけましょう。

　自炊では、ホットプレート料理など子どもが楽しみながら食べられたり、一緒に用意できたりするようなエンタメ要素を取り入れるのもおすすめです。また、食事作りはなるべく分担や作り置きをして毎日の負担を減らすようにしたいものです。

　毎月の食費は上限を決めて管理していきます。家にあるもので数日間の献立を考えて、足りないものを買うことで、買い物の点数を抑えられます。ネットスーパーは割高なイメージを持つかもしれませんが、「ついで買い」を減らし、献立を考えながら買い物ができるので、結果的には食費減につながりやすくなります。

あとは、用もないのにコンビニに行かないようにするにゃ！

うっ、確かにコンビニは誘惑が多い……。

被服・美容費を減らすチェックポイント

- ☐ 毎月あるいは毎シーズンの上限額を決める
- ☐ 出費が少ない髪型に変えてみる
- ☐ ヘアカラーやネイルはセルフも取り入れる
- ☐ バーゲンとは距離を置く

　被服・美容費は、比較的下げやすい項目です。まずは、やめたりグレードを下げたりしてもいい出費と譲れない出費に分けて、できるものから手をつけます。簡単に出費を減らせる方法として、パーマやカラーが不要な髪型や、美容院に行く間隔を空けられる髪型に変える方法があります。また、ヘアカラーやネイルを自分で行うと、ぐっと出費を抑えられます。

　洋服に関しては、衣替えや整理のときに、「こんな服があったのを忘れていた」というアイテムが出てくることはよくあります。多少高くても買い足すアイテムを厳選し、活躍の機会が多いものに絞り込むほうが出費減につながりやすくなります。衝動買いが多い人は、バーゲンとは距離を置くのが正解です。利用する場合も必ず予算やアイテムを決めて臨みましょう。

　化粧品や美容院、洋服にかかるお金は必ずしも毎月必要な出費ではないので、月ごとの管理は難しいかもしれません。3カ月などシーズン単位で上限額を設定して管理する方法もおすすめです。

娯楽・交際費 ー 不要な会食への参加を控えよう

娯楽・交際費を減らすチェックポイント

- ☐ 毎月の上限額を決める
- ☐ 会食やレジャーに参加する回数を減らす
- ☐ ディナーではなくランチを提案する
- ☐ 禁酒・減酒・禁煙にチャレンジする

　娯楽・交際費は人によってばらつきが大きい出費です。わずかしか支出していない人もいれば、かなり大きな出費が続いている人もいます。重要度も人によって異なるので、一概に適正額を算出するのは難しくなります。

　まずはどれぐらいの額を使っているかを把握したうえで、使ってもよい上限額を設定しましょう。

さくら の場合

ママ友とのディナー	6000円
家族でテーマパーク	30000円
晩酌	5000円

ママ友とのごはんは、ディナーじゃなくてランチのほうが安くなりそう。晩酌の頻度も減らそうかな。

モモ の場合

祐樹とスポーツ観戦	8000円
映画鑑賞	3000円
会社の飲み会×2	10000円

映画は配信されるのを待ってもよいかも。参加しなくていい飲み会はパスしようっと。

給与明細、控除、源泉徴収票などを理解しよう

給与明細書　2024年　4月分

山口 モモ 様

① 支給

	基本給	役職手当	住宅手当	家族手当			
	250,000		20,000				
					残業手当	休日出勤	深夜残業
					37,500		0
	通勤課税	通勤非課税			課税計	非課税計	総支給額
		12,000			307,500	12,000	319,500

② 控除

	健康保険	介護保険	厚生年金	雇用保険	社会保険計	課税対象額	
	17,820	0	32,940	1,086	51,846	255,654	
	源泉所得税	住民税		親睦会費			
	6,640	10,000		1,000			
							控除合計
							69,486

勤怠

	出勤日数	有給日数	欠勤日数				
	20	0	0				
	残業時間	休出日数	休出時間	深夜残業	遅早回数	遅早時間	
	15:00			0	0	0:00	
	課税累計額	税扶養人数			給与振込	現金支給額	差引支給額
	1,311,878				250,014	0	250,014

024

給与明細には「支給」と「控除」という欄があります

① 支給

「勤怠」の欄にある勤務の実績に基づいて支給される給与のことです。

② 控除

支給される給与から天引きされる金額のこと。給与明細に記載される控除は、大きく「税」と「社会保険料」に分けられます。一定以上の収入を得れば所得税と住民税がかかります。また、企業で働いて一定以上の収入を得る人は給与から厚生年金保険料が差し引かれます。

同様に医療機関にかかる際に使う健康保険証の発行元である健康保険や、失業した際に失業保険を給付してくれる雇用保険にも加入しており、それぞれの保険料も差し引かれます。いずれも勤務先が社員の給料から預かって、社員の代わりに支払っているだけで、会社に取られているわけではありません。

給与明細を見るたびにいっぱい差し引かれて腹が立ってたんだけど、払う必要があるお金ではあるのね。

税とか保険にはどんなものがあるの？

「住民税」「健康保険」などいろんなものがあるにゃ！

健康保険

会社員や公務員が加入する公的な医療保険制度。健康保険料は一定の割合で計算され、勤務先の企業と折半して支払います。加入していることを示す健康保険証を医療機関に出せば、医療費の負担を3割（現役世代の場合）に抑えられます。

介護保険

介護を必要とする人を社会で支える公的な保険制度。30代までは保険料を支払う必要がありませんが、40歳で被保険者となり介護保険料が天引きされるようになります。こちらも一定の保険料率で計算され、勤務先と折半して支払います。

厚生年金

会社員と公務員が国民年金に上乗せして加入する公的年金。現役時代に保険料を支払うことで、老後にはすべての人が加入する国民年金部分である老齢基礎年金に加えて老齢厚生年金を受け取ることができます。こちらも一定の保険料率で計算され、勤務先と折半して支払います。

雇用保険

労働者の生活と雇用を安定させるための公的な保険制度。失業した際に受給できる失業保険や育児休業給付金などはここから支払われます。こちらは勤務先と折半ではなく、事業者のほうが多く支払っています。

源泉所得税

所得の額に応じて国に支払う所得税。企業に勤める人は所得税を自分で直接支払う必要はなく、勤務先が給料から差し引いて（源泉徴収）代わりに支払っており、これを源泉所得税といいます。所得税は累進課税といって、所得の額が多いほど税率も高くなるしくみになっています。

住民税

住んでいる自治体に支払う税。会社員や公務員は所得税と同様に源泉徴収して、勤務先が代わりに支払います。所得税とは異なり税率は一律で10％で、その内訳は区市町村民税6％、道府県民税・都民税4％（一部自治体を除く）です。

企業によっては親睦会費、労働組合費、財形貯蓄などの項目を天引きするケースがあるにゃ。どれも企業独自の項目で、社会保険や税とは関係ないものにゃ。

人はお金をあるだけ使ってしまう生き物である

> お金が余ったら貯金したいのに、肝心のお金が余らない…！

> それはお金が貯まらない人が陥りがちな
> 「パーキンソンの法則」にゃ。

　パーキンソンの法則は、イギリスの政治・歴史学者のパーキンソンが提唱した「人は時間とお金を使い果たすよう行動してしまう生き物なのだ」とする法則です。余裕があっても締め切りぎりぎりまで作業してしまうように、お金に関しても本当に必要な出費でとどめることは難しく、あるだけ使ってしまうのです。

　貯金をするためには現状のお金の使い方を見える化し、お金の使い方を意識すること、そして貯金は「余ったら」ではなく、優先して行う必要があります。

"先取り貯金"で貯まらない自分にサヨナラしよう

　「貯められない自分」から卒業するには、「先取り貯金」が強力なパワーを発揮します。先取り貯金は、収入が入ったらまず貯金して、残ったお金を生活費に充てることです。貯金したお金はないものとみなし、残ったお金でやりくりします。

　先取り貯金は、自動化すると確実です。銀行の自動積立定期預金を利用すれば、毎月決まった日に普通預金の口座から定期預金の口座にお金を移してくれます。

　勤務先に「財形貯蓄」や「社内預金」といった制度がある人は活用してもいいでしょう。特に社内預金は労働基準法により下限利率が設定されており、令和6年4月現在0.5%という高金利になっています。1%以上の金利を付けている企業もあり、積極的に利用するのがおすすめです。

> 定期預金の引き落としの日付は、余裕のある給料日かその
> 翌日に設定しておくとよいにゃ！

028

控除を増やせば手取り額は増える

所得税と住民税の額は、課税所得によって決まります。課税所得とは、収入から必要経費などを除いた「所得」から、基礎控除や配偶者控除など所得控除の合計を引いた金額です。このため、たとえ収入は増やせなくても、控除して課税所得を減らせば、所得税や住民税の額が減るので、手取りを増やすことができます。

ちなみに、住民税は前年の所得額をもとに計算されますが、源泉徴収される所得税は現時点の収入額に基づいて算出されます。このため、年間の所得額が決まる年末の「年末調整」で精算する必要があり、払い過ぎた分は戻ってきます。適用できる控除がある場合は、忘れず手続きをする必要があります。

たとえば妻が育休中で給与を受け取っていない期間は、夫が配偶者控除を受けて税を減らせる可能性があります。この場合、夫が年末調整で申告することで初めて配偶者控除を受けられるようになります。この手続きを忘れると、税は多めに取られた状態のままです。時々、妻が育休手当を受け取っているため配偶者控除を受けられないのでは？と勘違いしている人もいますが、育休手当は扶養の算定上、収入とはみなされないため、その年に受け取った給与が一定額以下であれば配偶者控除を受けることができます。

また、シングルマザーやシングルファーザーは、ひとり親控除で税を減らすことができますが、これも年末調整しなければ適用されません。もし、年末調整を忘れた場合でも、5年以内であれば、確定申告で控除は受けられるので、あきらめずに申告しましょう。

年末調整では、夫婦の収入が少ないほうに子どもの扶養を入れておくと世帯の住民税が安くなる場合があるにゃ！ 住民税の試算は市区町村役場でやってもらえるにゃ！

基礎控除

だれもが一律に利用できる控除（最高48万円）

配偶者控除・配偶者特別控除

年収が一定以下の配偶者がいる場合に受けられる控除（最高38万円）

扶養控除

一定の要件を満たした扶養親族がいる場合に適用される控除（38万円、特定扶養親族は63万円、老人扶養親族は58万円または48万円）

生命保険料控除

生命保険料を支払った場合に受けられる控除（最高12万円）

地震保険料控除

地震保険料を支払った場合に受けられる控除（最高5万円）

小規模企業共済等掛金控除

小規模企業共済やiDeCo（個人型確定拠出年金）などの掛金を支払った場合に受けられる控除

課税所得が減る=控除を増やすと、所得税や住民税が減って手取りが増やせるにゃ!

年末調整で控除を増やすにゃ!

障害者控除

本人か控除対象配偶者、扶養親族が障害者である場合に受けられる控除（最高27万円）

勤労学生控除

アルバイトなどで働いている学生で、1年の合計所得金額が75万円以下、給与所得以外の所得が10万円以下の学生が受けられる控除（27万円）

寡婦控除

過去に婚姻歴があり、夫と離婚または死別したあとに再婚をしていない女性が受けられる控除（27万円）。ひとり親控除とは併用不可

ひとり親控除

扶養している子どもがいるひとり親が受けられる控除（35万円）

住宅ローン控除

住宅ローンを利用した際に、残高に応じて所得税の控除が受けられる制度。所得税から控除しきれない場合、翌年度の住民税からも税金が控除される。最初の年は確定申告が必要で、2年目以降は年末調整で控除を受けられる。正式名称は「住宅借入金等特別控除」

源泉徴収票を理解しよう

　年末調整を終えると、還付金とともに源泉徴収票が交付されます。源泉徴収票は1年間の収入額や、そこから源泉徴収した税金、社会保険料などの金額が記載された書類です。収入額を証明する必要があるときに使えるほか、確定申告をする際にも必要になります。

令和 6 年分　　給与所得の源泉徴収票

支払を受ける者	住所又は居所	東京都千代田区千代田 ○○-○										

受給者番号

個人番号

（役職名）

氏名（フリガナ）　①　　②　　③　　④

種　　別	支　払　金　額	給与所得控除後の金額（調整控除後）	所得控除の額の合計額	源泉徴収税額
給与・賞与	内　6　835 千　000 円	4　951 千　500 円	2　227 千　254 円	内　34　900 円

（源泉）控除対象配偶者の有無等		配偶者（特別）控除の額	控除対象扶養親族の数（配偶者を除く。）						16歳未満扶養親族の数	障害者の数（本人を除く。）		非居住者である親族の数
有	従有	老人	千　　円	特定		老人		その他		特別	その他	
○				人 従人	内	人 従人	内	人 従人　1	人	内　　人	人	人

社会保険料等の金額	生命保険料の控除額	地震保険料の控除額	住宅借入金等特別控除の額
内　992　454	50　000	44　800	140　000

（摘要）住宅借入金等特別控除可能額　　　　　円

居住開始年月日　H21.3.14

生命保険料の金額の内訳	新生命保険料の金額	円	旧生命保険料の金額	108,420	介護医療保険料の金額	円	新個人年金保険料の金額	円	旧個人年金保険料の金額	円
住宅借入金等特別控除の額の内訳	住宅借入金等特別控除適用数		居住開始年月日(1回目)	年　月　日	住宅借入金等特別控除区分(1回目)		住宅借入金等年末残高(1回目)	円		
	住宅借入金等特別控除可能額	円	居住開始年月日(2回目)	年　月　日	住宅借入金等特別控除区分(2回目)		住宅借入金等年末残高(2回目)	円		
（源泉・特別）控除対象配偶者	（フリガナ）氏名		区分		配偶者の合計所得		国民年金保険料等の金額	176,460	旧長期損害保険料の金額	円
	個人番号						基礎控除の額	円	所得金額調整控除額	円

未成年者	外国人	死亡退職	災害者	乙欄	本人が障害者		寡婦	ひとり親	勤労学生	中途就・退職				受給者生年月日			
					特別	その他				就職	退職	年	月	日	元号	年	月	日
1												24			昭和	56	01	25

支払者	個人番号又は法人番号	（右詰で記載してください。）	
	住所(居所)又は所在地	東京都渋谷区 ○○-○-○	
	氏名又は名称		（電話）
	整理欄		

税務署提出用

源泉徴収票はここを見よう

① 支払金額

給与やボーナスを含めた支払額です。

② 給与所得控除後の金額

会社勤めをする人の経費のような意味合いで差し引かれる「給与所得控除」を引いたあとの金額です。

③ 所得控除の額の合計額

給与所得控除以外の控除の合計額です。社会保険料のほか、年末調整で提出した配偶者控除や生命・地震保険料控除、扶養控除などがここに反映されています。「給与所得控除後の金額」から「所得控除の額の合計額」を引いた金額がその年の税を計算する基準となる「課税所得」になります。

④ 源泉徴収税額

1年間の給与などから差し引かれた所得税額で、実際の税額よりも多ければ払い過ぎた分が還付されます。

正確な収入は源泉徴収票を見れば一目瞭然にゃ！

ちゃんと保管しないといけないね。

医療費控除

　医療機関や調剤薬局で、1年に10万円を超える医療費を支払った場合に使える控除です。本人だけではなく同一生計の家族の医療費を支払った場合や、市販薬を購入した場合の支払額も対象になります。1年で10万円を超えるかどうかは事前には分からないので、もらった領収書はすべて保管する癖をつけておきましょう。年末調整はできず、自分で確定申告する必要があります。

　ちなみに、医療費が10万円に達しない場合でも、医療費控除を受けられる場合があります。所得が200万円未満の場合は「1年間で支払った医療費の合計－所得金額の5%」が医療費控除対象額となります。例えば、所得金額が150万円であれば、年間の医療費が7万5000円以上であれば控除を受けられます。

セルフメディケーション税制 （医療費控除の特例）

　医療費が10万円に満たない場合でも、ドラッグストアなどで対象となるOTC医薬品を1年間に1万2000円以上購入し、会社の健康診断などを受けている人が控除を受けられる制度です。医療費控除と併用はできず、いずれかを選んで確定申告をします。

年末調整以外にも税負担を減らせる制度があるにゃ！

ふるさと納税

　応援したい自治体に寄付ができるしくみです。寄付したお金のうち2000円を超える部分について、寄附金控除を受けられます。地域の名産品などの返礼品を受け取ることもできるので、ショッピングのような感覚で実質2000円の負担で好みの返礼品を選ぶことができます。

　選べる返礼品は、米や日常的に食べる肉などを選べば食費をダウンできますが、普段は買えない贅沢(ぜいたく)なブランド肉や海産物、果物などを選ぶのもいいでしょう。いずれにしても、還付と控除を受けられる上限額が決まっているので、シミュレーションサイトなどで試算して上限を超えないよう注意しましょう。

　本来、控除を受けるには確定申告の必要がありますが、それ以外で確定申告する必要のない人であれば、寄付する際に「ワンストップ特例制度」を申し込んでおきましょう。寄付先の自治体に申請すれば、確定申告なしで控除を受けられます。

ふるさと納税のしくみ

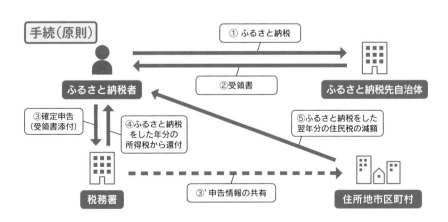

手続（原則）

ふるさと納税者

① ふるさと納税

②受領書

ふるさと納税先自治体

③確定申告
（受領書添付）

④ふるさと納税
をした年分の
所得税から還付

⑤ふるさと納税をした
翌年分の住民税の減額

税務署

③' 申告情報の共有

住所地市区町村

安易なキャッシングやリボ払いはNG

　欲しいものがあるのにお金が足りないというときに、キャッシングやリボ払いに頼ってしまう人はいませんか。キャッシングやリボ払い、カードローンは家計の大敵です。その理由は大きく分けて、3つあります。

キャッシング、リボ払いが怖い理由

① 金利が高い

これらの商品の金利は年15〜18%程度が一般的です。住宅ローンであれば変動金利なら1%以下、固定金利でも1〜2%なので、これらと比べればとても高い水準であることが分かるはずです。

② 自分がいくら払っているのか分からない

リボ払いで返済している場合、毎月の返済金額が固定されるため、実際に自分が総額でどのぐらい払っているのか分からなくなります。返済が長期にわたると、使った金額の倍払っているケースも珍しくありません。毎月の返済額が同じだと使い過ぎている感覚も薄れ、どんどん出費が増えてしまうおそれもあります。

③ 癖になりやすい

こうした商品は「1回だけ」と思って使い始めた人であっても、一度使うと便利でやみつきになってしまい、二度三度と繰り返して依存しがちです。安易に手を出すと、借金地獄に陥って抜けられないということになりかねません。

　リボ払いでは一括払いよりも高いポイント還元率が用意されていて、お得なほうを選んだら知らないうちにリボ払いの設定になっていたというケースも見られます。これらのサービスは将来の自分を苦しめることになるので、安易に手を出さないことを肝に銘じましょう。

第2章

人生には
どれぐらいの
お金がかかるにゃ？

将来必要なお金を見える化する
【ライフプランシミュレーション】

家計の現状が把握できたら、これからが管理と改革の本番です。お金に困らない未来を実現し、自分と家族の夢を叶えるための準備を始めましょう。

今の生活だって充実させたい！
いったいいくら貯金すればいいの?

わが家の家計、自分で思っていたより無駄な出費が多かったみたい。頑張って支出を減らして、貯金に回さないとね!

でもさ、いったいいくら貯金すればいいわけ?節約ばかりじゃ息が詰まっちゃう。たまには旅行や外食も楽しみたいし、今の生活だって充実させたいよ。

やみくもな節約はしんどいだけで続かないにゃ！ それよりも、将来必要になるお金を見える化するにゃ！

いくら貯蓄すればいいかが分かれば安心してお金を使えるようになるし、家計スリム化のモチベーションもグーンとアップするにゃ！

未来のお金が いくらかかるか把握しよう

キャッシュフロー表を作ろう

ライフプランを立てるメリット

- □ 将来必要な資金（教育、住宅、老後）がいくらか分かる
- □ 現状のままだと貯蓄がどう推移していくかが分かる
- □ 無駄な支出が見えてくるので早期に対策が立てられる
- □ 住宅を買う際の適正な予算を立てられる
- □ 老後のために必要な貯蓄額が分かる
- □ どうやって貯めていくのが効率的かが見えてくる

　そもそも、なぜ貯蓄が必要なのでしょうか。それは、将来の自分が必要とするお金を用意するためです。例えば結婚するなら結婚資金、家を買うなら頭金、子どもがいれば進学資金、そして年齢を重ねて働けなくなったあとには老後資金が必要になります。必要なお金を前もって準備しておけば、そのときになって慌てたり、夢をあきらめたりすることがなく、思いどおりの人生を歩んでいくことができます。

　将来のことはだれにも分かりませんが、どんなお金がいくらぐらい必要かについては、ある程度は予測できます。例えば、結婚を控えているなら、結婚に必要なお金をそれまでの月数で割れば必要な貯蓄額を求めることができます。子どもがいれば、何年後に大学進学資金が必要になるかは分かるので、必要な額をそれまでの月数で割り算すれば、だいたいは分かるはずです。

　一方で、現時点の年収に定年までの残り年数を掛け算すれば、ざっくりとした生涯

年収は分かります。年収が増えると予想するなら、その分を加味して計算もできます。

　こうした生涯にわたるお金の動きは、「キャッシュフロー表」を作ることでスッキリと見える化できます。キャッシュフロー表は、家族構成、収入、支出をもとに作成します。収入には、世帯の収入と年金などを含みます。支出は生活費のほかに、住宅関連費、レジャー費、教育費・養育費、保険、車維持費、投資額などを分けて算出すると、年齢ごとの変化も明確にすることができて便利です。

　毎月の収支はもちろん、今から始めなければならない貯蓄の額も分かるので、明確な目標ができます。支出を減らして貯蓄を増やすモチベーションも高まるはずです。

　ネット上には簡単にライフプランやキャッシュフロー表を作ったり、シミュレーションしたりできるサイトが多くあるので、まずは使いやすそうなものを選んでトライしてみましょう。そうすれば何歳頃にどんなお金が必要かといったこともより具体的にイメージできるようになるので、さらに詳細な情報を追加して精度を高めていくことで、より正確なキャッシュフロー表にしていくことができます。

初めてキャッシュフロー表をつくると、多くの場合、支出がオーバーして赤字になってしまうにゃ。でも、心配はいらないにゃ。

どうして？

そもそもキャッシュフロー表は、そういう人生のお金の問題をあらかじめ「見える化」するために作るものだからにゃ。

つまり、キャッシュフロー表で見えてきた問題に早めに対応できるから、将来のお金の心配がなくなるってことね。

さくら
の場合

キャッシュフロー表の例

3年後マンション購入	5000万円	住宅ローン		4700万円
頭金	300万円	金利1.8%	返済期間35年	

西暦		2024	2025	2026	2027	2028	2029	203
経過年数		0	1	2	3	4	5	
年齢	夫	35歳	36歳	37歳	38歳	39歳	40歳	41
	妻	33歳	34歳	35歳	36歳	37歳	38歳	39
	第1子	5歳	6歳	7歳	8歳	9歳	10歳	11
	第2子	1歳	2歳	3歳	4歳	5歳	6歳	7
収入	夫収入合計（万円）	480	483	486	489	492	495	49
	妻収入合計	192	240	240	240	240	240	32
	児童手当	30	30	24	24	24	24	2
	その他収入							
収入合計		702	753	750	753	756	759	84
支出	生活費	288	289	291	292	294	295	29
	住宅関連費合計	144	158	144	576	226	226	22
	レジャー・その他合計	80	70	70	70	70	70	
	教育費・養育費合計	126	131	113	162	162	168	15
	保険合計	54	54	54	54	54	54	5
投資額								
支出合計		692	702	672	1154	806	813	80
年間収支		10	51	78	-401	-50	-54	3
預貯金残高	400万円	410	461	539	138	88	34	
投資資金残高		0	0	0	0	0	0	
資産合計	400万円	410	461	539	138	88	34	

さくらの場合は
・保険料の見直し
・生活費の見直し
・将来に向けた投資
が必要にゃ。

> 3年後にマンションを買うとしたら、一気に赤字になっちゃう！

031	2032	2033	2034	2035	2036	2037	2038	2039	2040	2041	2042	2043
7	8	9	10	11	12	13	14	15	16	17	18	19
42歳	43歳	44歳	45歳	46歳	47歳	48歳	49歳	50歳	51歳	52歳	53歳	54歳
40歳	41歳	42歳	43歳	44歳	45歳	46歳	47歳	48歳	49歳	50歳	51歳	52歳
12歳	13歳	14歳	15歳	16歳	17歳	18歳	19歳	20歳	21歳	22歳	23歳	24歳
8歳	9歳	10歳	11歳	12歳	13歳	14歳	15歳	16歳	17歳	18歳	19歳	20歳
501	504	507	510	513	516	519	522	525	528	531	534	537
322	324	326	328	330	332	334	336	338	340	342	344	346
24	24	24	12	12	12	12						
847	852	857	850	855	860	865	858	863	868	873	878	883
298	300	301	303	304	306	307	309	310	312	313	315	317
226	226	226	226	226	226	226	376	226	226	226	226	226
70	70	70	70	70	70	70	70	70	70	70	70	70
154	178	183	185	253	275	278	269	311	311	311	164	138
54	54	54	54	54	54	54	54	54	54	54	54	54
802	828	834	838	907	931	935	1078	971	973	974	829	805
45	24	23	12	-52	-71	-70	-220	-108	-105	-101	49	78
118	142	165	177	125	54	-16	-236	-344	-449	-550	-501	-423
0	0	0	0	0	0	0	0	0	0	0	0	0
118	142	165	177	125	54	-16	-236	-344	-449	-550	-501	-423

> 家族で話し合って支出が減らせるところに優先順位をつけていかないといけないね。

2年後 第1子誕生

西暦		2024	2025	2026	2027	2028	2029	203
経過年数		0	1	2	3	4	5	
年齢	夫	27歳	28歳	29歳	30歳	31歳	32歳	33
	妻	27歳	28歳	29歳	30歳	31歳	32歳	33
	第1子			0歳	1歳	2歳	3歳	4
収入	夫収入合計（万円）	304	305	306	307	308	309	31
	妻収入合計	280	281	169	169	169	210	21
	児童手当			18	18	18	12	1
	その他収入							
収入合計		584	586	493	494	495	531	53
支出	生活費	336	338	339	341	343	344	34
	住宅関連費合計	64	71	64	101	64	71	6
	レジャー・その他合計	70	70	70	70	70	70	7
	教育費・養育費合計			43	40	40	38	8
	保険合計							
	車維持費合計	40	40	60	40	60	240	5
投資額								
支出合計		510	519	576	592	577	763	61
年間収支		74	67	-83	-98	-82	-232	-8
預貯金残高	200万円	274	341	258	160	78	-154	-24
投資資金残高		0	0	0	0	0	0	
資産合計	200万円	274	341	258	160	78	-154	-24

子どもが生まれるまではお金の貯めどきにゃ！就業不能に備える保険や医療保険やがん保険にも加入しておくべきにゃ！

私は2年後くらいに子どもが
いたらいいんだけど……。

031	2032	2033	2034	2035	2036	2037	2038	2039	2040	2041	2042	2043
7	8	9	10	11	12	13	14	15	16	17	18	19
34歳	35歳	36歳	37歳	38歳	39歳	40歳	41歳	42歳	43歳	44歳	45歳	46歳
34歳	35歳	36歳	37歳	38歳	39歳	40歳	41歳	42歳	43歳	44歳	45歳	46歳
5歳	6歳	7歳	8歳	9歳	10歳	11歳	12歳	13歳	14歳	15歳	16歳	17歳
310	311	312	313	314	315	316	317	318	319	320	321	322
210	210	280	281	282	283	283	284	285	286	287	288	289
12	12	12	12	12	12	12	12	12	12			
532	533	604	606	608	610	611	613	615	617	607	609	611
348	350	351	353	355	357	359	360	362	364	366	368	369
71	64	71	64	71	64	101	64	71	64	71	64	71
70	70	70	70	70	70	70	70	70	70	70	70	70
86	91	76	74	76	77	80	80	102	106	105	173	173
340	50	40	60	40	60	40	60	240	50	340	50	40
915	625	608	621	612	628	650	634	845	654	952	725	723
-383	-92	-4	-15	-4	-18	-39	-21	-230	-37	-345	-116	-112
-623	-715	-719	-734	-738	-756	-795	-816	-1046	-1083	-1428	-1544	-1656
0	0	0	0	0	0	0	0	0	0	0	0	0
-623	-715	-719	-734	-738	-756	-795	-816	-1046	-1083	-1428	-1544	-1656

キャリアアップや転職に挑戦し
て、収入を増やすのもキャッシュ
フロー改善の方法の一つかも！
人生の選択肢も広がるね！

人生における大きな支出について考えよう

大きな支出① 結婚・出産

結婚にかかる費用チェックリスト

- ☐ 挙式、披露宴の費用
- ☐ 新婚旅行代
- ☐ 両家あいさつや顔合わせへの交通費、食事代
- ☐ 新生活の準備(引っ越し、家具・家電購入費など)

　結婚には挙式や披露宴、両家顔合わせなどさまざまなイベントが伴い、お金がかかりますが、これらはすべて必要なわけではなく、2人の考え方で大きく変わってきます。メリハリをつけるための価値観のすり合わせや話し合いが大切です。

　さらに、これから始まる結婚生活を支える家計をどう切り盛りしていくか、2人で話し合い、実行していくための基盤を整えることも重要です。将来の備えについての意識共有や準備ができないままだと、支出ばかりが膨らんでしまいがちです。

　将来を見越した家計管理は早くスタートするほど、話し合いもスムーズになります。ライフプランとキャッシュフロー表を作り、それぞれのサイフからどうやってお金を出し合い、支出を管理しながら将来必要なお金をどのように貯蓄していくか、目標を共有しましょう。

> 最初が肝心だね! ちゃんと話し合っておかなくちゃ!

出産そのものの経済的負担は大きくない

　妊娠・出産にかかる費用はさまざまな公的な支援があります。病気ではないので健康保険の対象にはなりませんが、妊婦健診の費用は多くの自治体が補助しており、分娩や入院にかかる費用は健康保険から支給される「出産育児一時金（50万円）」でほぼ賄えます。

　ただし、分娩も自由診療であるため、医療機関によって費用の設定は異なります。地方に比べて都市部は高くなる傾向にあり、ホテル並みのサービスを提供する産院などでは出産育児一時金の範囲では収まらないこともあるので事前の確認が必要です。

出産に伴ってもらえるお金の一覧

	専業主婦	会社員など	自営業など
妊婦健診費用の補助 14回分	○	○	○
出産育児一時金 50万円	○	○	○
出産手当金	—	○	—
育児休業給付金	—	○	—

年収の壁は意識すべきか

　出産を機に勤務先をやめた人の中には、子どもの成長に伴ってパートやアルバイトなどで働き始める人もいます。こうした人たちは、いわゆる「年収の壁」を強く意識するようです。

　年収の壁とは、税金や社会保険料の負担が生じる年収の基準のことです。100万円以下の年収であれば住民税も所得税も社会保険料もすべて負担の必要がありませんが、100万円を超えると住民税、103万円を超えると所得税の負担が始まり、パートナーが受ける配偶者控除の対象から外れます。106万円（勤務する事業者の規模などにより130万円）になると社会保険料の負担が生じ、150万円を超えるとパートナーの配偶者特別控除も減らされることになります。

　こうした負担増をどうとらえるかはその人の考え方次第ではありますが、それぞれの壁の意味をよく理解せずにやみくもに「働き控え」をしていないかは、問い直す必要があります。

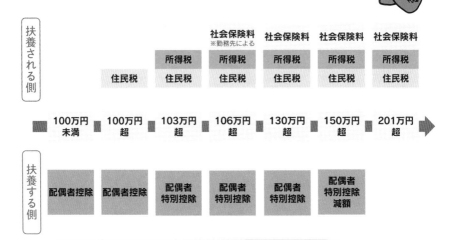

年収増加による税金、社会保険料の発生

扶養される側			社会保険料 ※勤務先による	社会保険料	社会保険料	社会保険料
		所得税	所得税	所得税	所得税	所得税
	住民税	住民税	住民税	住民税	住民税	住民税
100万円 未満	100万円 超	103万円 超	106万円 超	130万円 超	150万円 超	201万円 超
扶養する側						
配偶者控除	配偶者控除	配偶者 特別控除	配偶者 特別控除	配偶者 特別控除	配偶者 特別控除 減額	

150万円を超えると控除額が減額されるにゃ！

　例えば、年収の壁である100万円や103万円を超えても、それで課される所得税や住民税は年数千円程度で、大きな負担ではありません。一方、106万円と130万円の壁を超えると課される社会保険料の負担はそれなりの額にはなりますが、その分老後に受け取る年金を増やせるうえ、ケガや病気で働けなくなったときに傷病手当金を受けられるようになるといったメリットもあります。

　年収は壁を超えるほどに控除が縮小したり負担が増えたりはするものの、世帯での手取り自体は増えていきます。唯一、130万円から160万円の範囲では手取りが減少するケースが多くなりますが、160万円を超えればまた世帯での手取り額は増えていきます。このため、これまで130万円の壁を超えないようにしていた人は、もう少し勤務を増やして160万円超を目指せば、足元の手取り金額も将来の年金も増やせることになるのです。

　こうしたそれぞれの壁の意味を理解したうえで、超えてもよい壁と超えたくない壁について判断してください。

年収増加による世帯手取り額の推移─130万円の壁

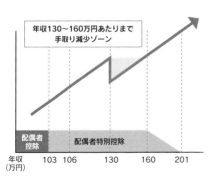

年収別手取り金額のシミュレーション

年収	手取り	社会保険料負担	配偶者手取り	配偶者控除	世帯手取り
105万円	104万円	なし	398万円	満額	502万円
129万円	124万円	なし	398万円	満額	522万円
130万円	109万円	あり	398万円	満額	507万円
150万円	124万円	あり	398万円	満額	522万円
160万円	131万円	あり	397万円	減額	528万円

大きな支出② 住宅

賃貸と持ち家のメリットとデメリット

	賃貸	マイホーム
メリット	● いつでも引っ越しできるので仕事やライフスタイルの変化に対応できる ● ローンを抱える必要がない ● 修繕・リフォーム費用を負担する必要がない ● 固定資産税などの維持費がない	● 自分の家が持てる安心感がある ● 収入がなくなっても住み続けられる ● 資産になる
デメリット	● 一生家賃を払い続ける必要がある ● 長く家賃を払い続けても資産にはならない ● 自由なリフォームはできない	● 定期的にリフォーム費用がかかる ● 固定資産税がかかる ● 災害時の被害は自身で修繕する必要がある

　人生で最も大きな買い物は、住宅といわれます。実家を出ている人の多くは賃貸住宅か社宅などで暮らしていますが、将来マイホームを持つべきか、そのまま借り続けるかで悩む人は少なくありません。

　マイホームと賃貸は、それぞれにメリットデメリットがあるうえ、住む人のライフスタイルや価値観によっても向き不向きは異なるため、どちらがよいといえるものではありません。

マンションと一戸建てのメリットとデメリット

	マンション	一戸建て
メリット	● 駅近など立地がよい物件が豊富 ● 売却がしやすい ● 防犯・防災性が高い ● 階段がなく高齢になっても住みやすい	● 両隣や上下階の騒音を気にする必要がない ● ローン返済が終われば固定資産税の支払いだけで済む ● 庭が持てる
デメリット	● 騒音トラブルが発生しやすい ● ローン返済が終わっても管理費がかかり続ける ● 駐車料金が別に必要	● 駅近物件は少ない ● 長く住めば設備や外壁、屋根、水回りなどの修繕・リフォームが必要になる

　また、マイホームを持つと決めた場合は、一戸建てかマンションか、新築か中古かといった決断も迫られます。

　家計の面から比較すると、マンションはローン返済以外に毎月必要になる修繕積立金や管理費がかかってくるため、ランニングコストが高くなりがちというデメリットはあります。その一方で、住まなくなったときに売却がしやすく、将来住み替えの可能性がある場合や相続の際に有利です。都市部に住むなら供給量も多く、選択の幅は広くなりますが、地方ではマンションの数が少ないので、一戸建てのほうが探しやすいでしょう。

　新築と中古の違いとして、最も大きいのはやはり価格差です。新築は最新の設備が備わっており気持ちよく住めるうえ、耐用年数も長く、住宅ローン控除の恩恵も受けやすい点がメリットですが、その分価格は高くなります。中古は新築に近いものからかなりの築古まで選択肢が広く、新築に比べて割安です。近隣の住人や周囲の環境も確認しやすいメリットもありますが、保証期間が短い点や古いと思わぬ欠陥が潜んでいる可能性がある点、リフォーム費用がかさむといった点がデメリットといえます。

ここでは、家計の観点から賃貸、中古マンション購入、新築一戸建て購入、 新築マンション購入の4パターンに分けて、生涯の支出をシミュレーションしてみました。

生涯支出のシミュレーションの例

単位：万円			2024	2034	2044	2054	2064	2074	2084		
			現在	10年後	20年後	30年後	40年後	50年後	60年後	合計	差額
賃貸	家賃 （管理費込） 月10万円	家賃	108	108	108	108	108	108	108		
		管理費、共益費	12	12	12	12	12	12	12		
		更新料、引越代		36	36	36	36	36	18		
		合計	120	156	156	156	156	156	138	7950	0
		累計	120	1428	2736	4044	5352	6660	7950		
中古 マンション 金利1.5% 35年	2450万円	住宅ローン返済	90	90	90	90					
		管理費、修繕積立費	30	30	30	30	30	30	30		
		諸費用(仲介手数料込)	170								
		火災、地震保険	1.3	1.3	1.3	1.3	1.3	1.3	1.3		
		団体信用生命保険									
		固定資産税	9.6	14.9	14.9	14.9	14.9	14.9	14.9		
		修繕一時金・リフォーム			200		200				
		合計	300.9	136.2	336.2	136.2	246.2	46.2	46.2	6511.7	-1438.3
		累計	300.9	1641.7	3203.7	4565.7	5587.7	6049.7	6511.7		
新築一戸建て 金利 1.5%35年	3250万円	住宅ローン返済	119.4	119.4	119.4	119.4					
		諸費用	130								
		火災、地震保険	2.5	2.5	2.5	2.5	2.5	2.5	2.5		
		団体信用生命保険									
		固定資産税	11.1	15.3	15.3	15.3	15.3	15.3	15.3		
		修繕・リフォーム代		150	150	150	150	150	150		
		合計	263	287.2	287.2	287.2	167.8	167.8	167.8	6282.2	-1667.8
		累計	263	1776.6	3298.6	4820.6	5626.2	5954.2	6282.2		
新築 マンション 金利 1.5%35年	3550万円	住宅ローン返済	129.6	129.6	129.6	129.6					
		管理費、修繕積立費	24	30	36	36	36	36	36		
		諸費用(仲介手数料込)	140								
		火災、地震保険	1.3	1.3	1.3	1.3	1.3	1.3	1.3		
		団体信用生命保険									
		固定資産税	9.6	14.9	14.9	14.9	14.9	14.9	14.9		
		修繕一時金・リフォーム			150		150				
		合計	304.5	175.8	331.8	181.8	202.2	52.2	52.2		
		累計	304.5	1987.3	3901.3	5719.3	6909.7	7431.7	7953.7	7953.7	-3.7

住む家で生涯の支出は大きく変わる

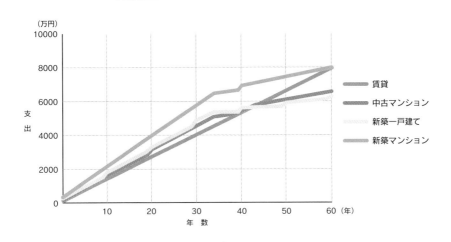

（万円）

支出

年数（年）

- 賃貸
- 中古マンション
- 新築一戸建て
- 新築マンション

　シミュレーションを見てみると、やはり購入した場合は初期投資が賃貸に比べると大きくなります。しかし、毎月家賃を支払わなければならない賃貸は住んだ年数に比例して支出が伸びていくのに対し、購入した家やマンションはローンの支払いはあるものの、住む年数が長くなるにつれ、その支出はゆるやかになっていきます。

長く住むなら、家やマンションを買ったほうがお得なのね。じゃあお金を貯めて、40歳くらいで新築マンションを買っちゃおうかな。

ちょっと待った！　このシミュレーションをよく見るにゃ！　新築マンションが賃貸を下回るのは60年以上住んでからにゃ！

60年！？

住宅ローンの金利は固定と変動のどちらが有利か

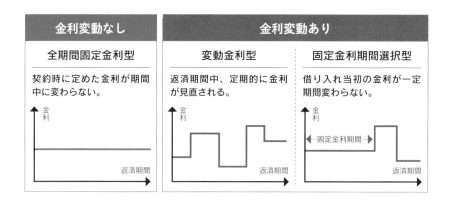

住宅ローンの金利タイプ

金利変動なし	金利変動あり	
全期間固定金利型	**変動金利型**	**固定金利期間選択型**
契約時に定めた金利が期間中に変わらない。	返済期間中、定期的に金利が見直される。	借り入れ当初の金利が一定期間変わらない。

　住宅を購入するには、多くの場合ローンを組まなければなりません。住宅ローンの金利には、固定金利と変動金利があります。固定金利は借入時から利率が変わらないのに対し、変動金利は返済期間中に利率が変動する可能性があります。変動金利の多くは日本銀行の金融政策動向が色濃く反映された「短期プライムレート」と呼ばれる短期貸出金利の影響を受けるため、現状は金利が低めという特徴をもっています。そのほか、はじめの３年間など一定期間の金利が固定されている固定金利期間選択型というタイプもあります。

　長く金融緩和が続いた日本では、今後変動金利が上昇したとしても、住宅ローンを借りている人のダメージが甚大になるような規模になるまでには時間がかかると考えられます。今住宅ローンを借りている人や、直近で借りようと考える人にとっては、変動金利のほうが有利になる可能性は高いといえます。

ただし、将来金利が上昇したときに対応できそうにないなら、全期間固定金利にしておくほうが安心にゃ。

住宅ローンの金利タイプ別メリット・デメリット

	全期間固定金利型	変動金利型	固定金利期間選択型
メリット	● 全期間の返済額を確定できるので、長期にわたるライフプランが立てやすい。 ● 低金利時に借りると全期間にわたって低金利のメリットを享受できる。	● 借入時の金利は一般的に固定金利型より低い。一般的に金利低下局面では、返済額が減少する。	● 一定期間だけ返済額を確定できる。
デメリット	● 高金利時に借りると、将来にわたり高金利の返済額が確定してしまう。	● 一般的に金利上昇した場合、返済額が増加する。金利が一定以上に上昇した場合、「未払利息」が発生する恐れがある。	● 固定金利期間終了後の返済額が確定せず不安が残る。もし固定金利期間終了後金利が上昇した場合、返済額が増加する。

　ちなみに、金利の低い変動金利で借りておいて、金利が上昇したら固定金利に借り換えるのは、変動金利が上昇する頃には固定金利はすでに上がっている可能性が高いので、なかなか難しいでしょう。変動金利で借りた人が将来の金利上昇に備えるには、金利が低いうちに返済を進めて元本をできるだけ減らしておくことや、金利が上昇したときには繰り上げ返済ができるよう資金を貯めておくことが求められます。

タイプによってメリットとデメリットがあるんだね。見極めるのが難しそう……。

専門家に相談しつつ、決めてみるとよいにゃ。

欲しい家ではなく無理なく買える家を

将来のことも考えて、そろそろ引っ越しや家の購入も本格的に考えないとね。

どんな家が良いかな？ 子ども部屋があって、お姉ちゃんたちの部屋も広くとって……。

間取りを考えるのもいいけど、そんな広いおうち買えるかにゃ？ 現実的に買える家はどんな家なのかを考えないといけないにゃ。

　将来にわたって無理なくローンを返済していくには、適切な返済額の設定と資金計画が重要になります。「こんな家が欲しい」という希望を優先して住宅購入をスタートしてしまうと、身の丈に合わない住宅を選んで無理な返済計画に陥りがちです。

　まずはライフプランを立てて、生涯のキャッシュフロー表を作成し、いくらまでなら無理なく返済し続けられるかを事前に検証する必要があります。そのうえで、手が届く物件の上限額を設定し、その範囲内で家探しをすることが重要です。

　マイホームが欲しいと思ったら、モデルハウスに行く前に資金計画を立てることを肝に銘じましょう。

たのしみ…

住宅購入の流れ

① 資金計画を立てる

生涯のキャッシュフロー表を作成して、いくらまでなら無理なく返済し続けていけるかを検証し、予算を確定する

② 情報収集、内見（注文住宅の場合は注文）

不動産サイトやモデルハウスなどで情報収集し、実際に足を運んで検討する

③ 物件の絞り込み

気に入った物件は、本当に支払うことができるか、周辺の環境などを改めて検討し、納得できる物件を絞り込む

④ 購入の申し込み

不動産会社を経由して申込書を提出する

⑤ 住宅ローンの事前審査

住宅ローンを組めるかどうかを金融機関に審査してもらう

⑥ 売買契約

重要事項の説明を受け、契約の内容を確認したうえで売買契約を交わす

⑦ 住宅ローン契約、残金決済

金融機関に住宅ローンを申し込み、本審査が通ればローン契約を交わす
支払った手付金を除いた購入金額を支払う

⑧ 引き渡しと登記

物件のカギをもらい引っ越すことができるようになる
法務局で所有権移転登記をする

大きな支出③　自動車

自動車を所有するとかかるコスト

☐　車両の購入費
☐　ガソリン代
☐　自動車税
☐　自動車保険
☐　点検費用

　車を持つには車両そのものの費用に加え、維持費がかかります。ガソリン代や自動車税、自動車保険、2年に1度の車検（新車の場合、初回は3年後）などの点検費用などです。自宅に駐車スペースがない場合は、別途駐車料金も必要になります。

　これらのコストは継続して払い続けると、かなりの額になります。選ぶ車両や諸条件により異なりますが、300万円の普通車を10年に1回購入して、ガソリン代8000円／月、自動車税3万500円／年、車検10万円／2年、自動車保険8万4000円／年の維持費がかかるものとしてシミュレーションしてみましょう。

　次ページのグラフから分かるとおり、保有して10年で550万5000円、20年持つとそのコストは1000万円を超えます。40年保有すると2202万円を払い続ける計算です。

車の維持費はこれだけかかる

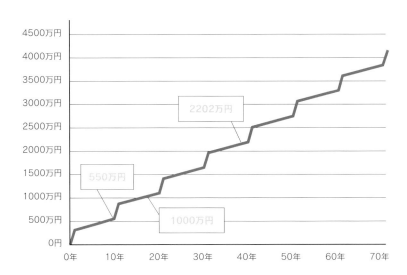

　車はあれば便利ですが、交通網の発達した都市部では必ずしもいるものではありません。コストを払い続けられるか、それによって住宅や子どもの教育にかかる費用、老後の生活資金にどれぐらい影響が出るかは、車を持つ決断をする前に検証したいものです。ちなみに、休日しか使わないのであれば、必要なときにカーシェアリングやレンタカー、タクシーなどを使ったほうが圧倒的に安く済みます。

使いたいのは休日だけだから、
カーシェアを利用するのが賢いかな？

自転車を使ってもいいよね！

大きな支出④　教育

□　私立の学校に通うタイミングが
　　早ければ早いほどお金がかかる
□　塾の費用も忘れない
□　私立高校は入学金、授業料以外に納付金がかかる

教育費には貯め時がある

　子どもにかける教育費は親の考え方や地域によって大きく異なるので、少なく抑える家庭もあれば、かなりの金額を投じる家庭もあります。目安ではありますが、子どもの進路パターン別にかかる費用は次ページの表のようになります。

　就学前の小さなうちは手がかかってもお金はそれほどかからない時期で、小学校も公立であれば同様です。この時期に将来必要になる教育費を積み立てておくことが、将来のわが子の選択肢を広げることにつながります。

　ただし早くから私立の学校に通わせると、生活費の範囲では賄えない費用が必要になるので、将来の教育費のための貯蓄を圧迫してしまいます。また、中学受験をする場合は、小学校3〜4年生から塾などの対策費用が重くなることも忘れてはいけません。

　私立高校の授業料は家庭の経済状況に応じて実質無償化されていますが、タダで進学できるわけではありません。入学金や授業料以外の納付金は数十万円に達することも多く、公立高校と比べれば負担が重くなります。キャッシュフロー表を作って子どもの教育にどの程度までお金をかけられるかを確認し、なるべく早く準備を始めることが重要です。

私立に通わせるタイミングと教育費の差

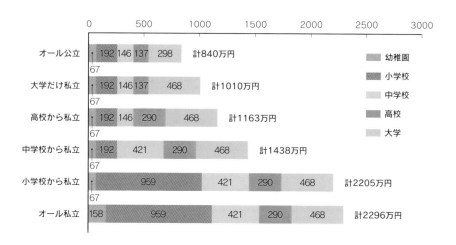

	0	500	1000	1500	2000	2500	3000

オール公立　192　146　137　298　計840万円
67

大学だけ私立　192　146　137　468　計1010万円
67

高校から私立　192　146　290　468　計1163万円
67

中学校から私立　192　421　290　468　計1438万円
67

小学校から私立　959　421　290　468　計2205万円
67

オール私立　158　959　421　290　468　計2296万円

凡例：
- 幼稚園
- 小学校
- 中学校
- 高校
- 大学

すべて公立の学校に通った場合と私立の学校に通った場合とでは、差額が1500万円前後になるにゃ。子どもの選択肢を狭めないためにも、余裕のある計画を立てていきたいにゃ。

私立に通う必要があるのかの検討と私立に通う可能性への備えが大事なのね。

習い事は上限額を決めて、手を広げ過ぎない

　小さいうちは子どもに習い事をさせて、多くの経験をさせたいと考える人も多くいます。ソニー生命の「子どもの教育資金に関する調査2023」によると、スポーツや芸術などの習い事、家庭学習、教室学習に支出している費用は、子ども1人につき平均で1カ月あたり1万6861円でした。

　こうした出費も子どもが大きくなるほど増える傾向があり、未就学児は9384円であるのに対し、中高生は2万3131円に達しています。中高生になると月々の小遣いや通信費などもかさみ、子どもが複数いると負担はさらに重くなります。

　なにより、あれもこれもと欲張っていると、大学へ進学させる場合は進学資金の準備を圧迫してしまいます。1カ月いくらまでと上限を決めて、新しい習い事をさせるなら以前のものはやめるなど、習い事の費用が大きくなり過ぎないよう管理しましょう。

学校以外での教育費の平均支出金額（子ども1人あたり・月額）の合計

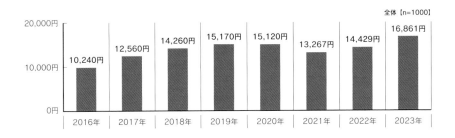

性別にみた習い事などの種類（複数回答）

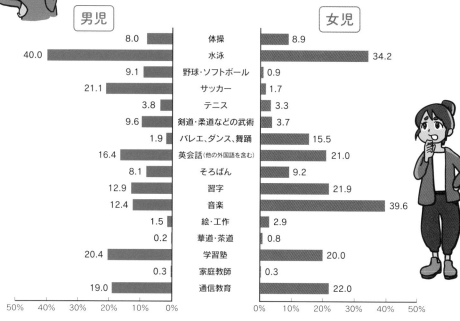

	男児	女児
体操	8.0	8.9
水泳	40.0	34.2
野球・ソフトボール	9.1	0.9
サッカー	21.1	1.7
テニス	3.8	3.3
剣道・柔道などの武術	9.6	3.7
バレエ、ダンス、舞踊	1.9	15.5
英会話（他の外国語を含む）	16.4	21.0
そろばん	8.1	9.2
習字	12.9	21.9
音楽	12.4	39.6
絵・工作	1.5	2.9
華道・茶道	0.2	0.8
学習塾	20.4	20.0
家庭教師	0.3	0.3
通信教育	19.0	22.0

出典：厚生労働省「第9回21世紀出生児縦断調査（平成22年出生児）」

習い事にもいろんな種類があるんだね！

将来の可能性を広げるために、
本当はいろいろ習わせてあげたいんだけど……。

家計との兼ね合いも考えて、
無理のない習い事選びをする必要があるにゃ。

奨学金は最初からアテにするものではない

奨学金の種類

奨学金制度の「貸与型」と「給付型」の違い	
貸与型	**給付型**
● 返済義務がある	● 将来的に返済する必要がない
● 給付型に比べて家計基準が緩やか	● 家計基準が厳しい

　進学を希望する学生が利用できる奨学金はさまざまあります。最もオーソドックスな独立行政法人日本学生支援機構の奨学金には、返済が必要な貸付型でも無利子と有利子のタイプがあり、有利子型であれば条件も緩やかで利用もしやすくなっています。住民税が非課税もしくはそれに準ずる世帯が対象ではありますが、返済不要な給付型奨学金もあります。

　そのほか、自治体や教育機関、あるいは企業が実施している奨学金制度もあり、給付型も多いです。

　ただし、最も有利な給付型は所得や成績などの条件が厳しく、狭き門です。有利子で返済するタイプは利用しやすくなっていますが、学生本人が利子付きで返済しなければならず、借りる額が多いほど社会人になってからの負担は大きくなります。

せっかく大学を出ても、社会人になって苦労しちゃうのね。

まずは親が出す前提で、家計にダメージが起きたときに奨学金のことは考えるにゃ。

保育料がiDeCoで安くなる!?

　保育園・幼稚園の利用に必要な保育料は、年中〜年長にあたる3〜5歳の子に対しては、原則無償化されています。ただし、0〜2歳の子を預けて働く場合には保育料が必要です（住民税非課税世帯を除く）。

　認可保育園の保育料は、世帯の所得の合計額を自治体が定めた保育料の階層区分に当てはめて決定されます。所得額が低いほど、保育料は安くなります。

　このため、iDeCo（90ページ）に加入して所得を減らし、階層を下げることができれば、所得税や住民税を減らしながら保育料を下げられる場合があります。

　また、私立高校の授業料実質無償化の対象のボーダーラインにいる家庭にとっても、iDeCoで所得を減らすことで有利に働く場合もあります。ほかにも、2人以上の子が保育園を利用する場合にも負担軽減措置があるので、複数の子を持つ場合はなるべく年齢を空けないことが、保育料の面では有利になります。

保育料がiDeCoで下がる仕組み

| 保育料 | ＝ | 各家庭の所得額に応じた階層区分で決定 |

つまり

**iDeCoで所得を下げられれば
保育料が下げられる！！**

大きな支出⑤　老後資金

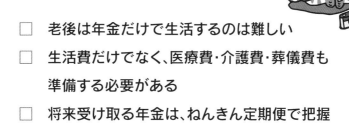

老後資金を考えるチェックポイント

☐　老後は年金だけで生活するのは難しい

☐　生活費だけでなく、医療費・介護費・葬儀費も
　　準備する必要がある

☐　将来受け取る年金は、ねんきん定期便で把握

　子どもがいる人は、将来、子どもに負担をかけないために、そして子どもがいない人は生涯自立して暮らしていくために、老後資金の準備も不可欠です。

　総務省の家計調査年報（2022年）によると、65歳以上の無職世帯（2人以上）の平均収入は24万8858円、支出（消費支出＋非消費支出）は27万1525円で、毎月2万2666円の赤字になっています。

　老後に受け取る年金も必要な生活費も、その人によって大きく異なるのであくまで目安ではありますが、年金だけで生活していくのは難しいと考えたほうがいいでしょう。老後に受け取る年金の額が少ない人や、生活費が多く必要な人ほど老後の赤字が膨らむため、現役時代に老後資金を準備しておく必要があります。

　また、老後は病院にかかる機会も多くなるため、医療費・介護費も準備しなければなりません。亡くなったあとの葬儀費用も想定して貯めておくのが理想的でしょう。

二人以上の世帯のうち65歳以上の無職世帯の家計収支—2022年—

（円）

項目	平均	世帯主の年齢階級		
		65〜69歳	70〜74歳	75歳以上
世帯数分布（1万分比）	10,000	1,629	2,925	5,446
世帯人員（人）	2.33	2.44	2.36	2.28
世帯主の年齢（歳）	76.2	67.2	72.1	81.0
持家率（％）	92.5	94.4	93.5	91.4
実収入	248,858	277,757	258,359	235,223
社会保障給付	202,058	210,423	206,169	197,322
非消費支出	32,606	40,637	33,622	29,679
可処分所得	216,253	237,121	224,737	205,544
消費支出	238,919	280,010	249,589	220,810
黒字	−22,666	−42,889	−24,852	−15,266
平均消費性向（％）	110.5	118.1	111.1	107.4
黒字率（％）	−10.5	−18.1	−11.1	−7.4

出典：総務省統計局「家計調査年報（家計収支編）2022年」

将来受け取れる年金は、ねんきん定期便で分かるにゃ。

ねんきん定期便？ 聞いたことないよ？

む……、毎年送られてきてるはずにゃ。ねんきん定期便にはお金の重要な情報が詰まってるから、ちゃんと読んでおくにゃ！

誕生月に届くねんきん定期便はこう読む

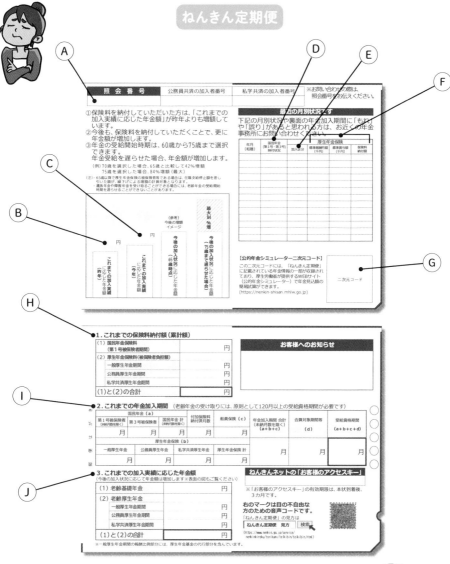

ねんきん定期便

照 会 番 号	公務員共済の加入者番号	私学共済の加入者番号

※お問い合わせの際は、照会番号をお伝えください。

①保険料を納付していただいた方は、「これまでの加入実績に応じた年金額」が昨年よりも増額しています。

②今後も、保険料を納付していただくことで、更に年金額が増加します。

③年金の受給開始時期は、60歳から75歳まで選択できます。
　年金受給を遅らせた場合、年金額が増加します。

（例）70歳を選択した場合、65歳と比較して42%増額
　　　75歳を選択した場合、84%増額（最大）

（注）・65歳以降厚生年金保険の被保険者である場合は、在職老齢年金制度を適用し、繰下げ時に行った場合と老齢厚生年金が一部または全部支給停止となります。
　・過去に老齢・障害年金を受け取ったことがある場合には、老齢年金の受給開始時期を遅らせることができないことがあります。

最近の月別状況です

下記の月別状況や裏面の年金加入期間に「もれ」や「誤り」があると思われる方は、お近くの年金事務所にお問い合わせください。

【公的年金シミュレーター二次元コード】

この二次元コードには、「ねんきん定期便」に記載されている年金情報の一部が収録されており、厚生労働省が提供するWEBサイト（公的年金シミュレーター）で年金見込額の簡易試算ができます。
（https://nenkin-shisan.mhlw.go.jp）

二次元コード

---

1. これまでの保険料納付額（累計額）

(1) 国民年金保険料 　　（第1号被保険者期間）	円
(2) 厚生年金保険料（被保険者負担額）	円
一般厚生年金期間	円
公務員厚生年金期間	円
私学共済厚生年金期間	円
(1)と(2)の合計	円

お客様へのお知らせ

2. これまでの年金加入期間（老齢年金の受け取りには、原則として120月以上の受給資格期間が必要です）

国民年金（a）				船員保険（c）	年金加入期間 合計 （未納月数を除く） （a＋b＋c）	合算対象期間等 （d）	受給資格期間 （a＋b＋c＋d）
第1号被保険者 （未納月数を除く）	第3号被保険者	国民年金 計 （未納月数を除く）	付加保険料 納付済月数				
月	月	月	月	月	月	月	月

厚生年金保険（b）			
一般厚生年金	公務員厚生年金	私学共済厚生年金	厚生年金保険 計
月	月	月	月

3. これまでの加入実績に応じた年金額
（今後の加入状況に応じて年金額は増加します ※表面の図もご覧ください）

(1) 老齢基礎年金	円
(2) 老齢厚生年金	
一般厚生年金期間	円
公務員厚生年金期間	円
私学共済厚生年金期間	円
(1)と(2)の合計	円

※一般厚生年金期間の報酬比例部分には、厚生年金基金の代行部分を含んでいます。

ねんきんネットの「お客様のアクセスキー」

※「お客様のアクセスキー」の有効期限は、本状到着後、3カ月です。

右のマークは目の不自由な方のための音声コードです。

「ねんきん定期便」の見方は　ねんきん定期便 見方で　検索
（https://www.nenkin.go.jp/service/nenkin/teki/ru/jjoshiki/teikibin.html）

A　照会番号

B　これまでの加入実績に応じた年金額（昨年）

前の年のねんきん定期便で通知された年金額です。

C　これまでの加入実績に応じた年金額（今年）

ねんきん定期便作成時点の年金額です。Bに比べるとほとんどの場合増加しており、1年間年金制度に加入して年金保険料を納めるとどれだけ年金額を増やせるのかも分かります。

D　国民年金（第1号・第3号）の納付状況

すべての人が加入する国民年金の納付状況が書かれています。学生時代や離職と転職の間にブランクがあった人などで未納の期間があると、その旨が表示されます。専業主婦（夫）は「3号」と表示されます。

E　加入区分

加入している年金制度です。会社員は厚生年金を示す「厚年」と表示されます。

F　標準報酬月額、標準賞与額、保険料納付額

標準報酬月額と標準賞与額や、給与やボーナスの額を一定の区分に当てはめた金額で、これをもとに将来の年金が計算されます。この標準報酬月額、標準賞与額から計算された保険料額を勤務先企業と折半して本人が支払った額が保険料納付額です。

G　公的年金シミュレーター二次元コード

これまでの年金情報が収録されており、スマホで読み取れば公的年金シミュレーターで今後の年金見込み額が試算できます。働き方や給与の額が変わった場合などもシミュレーションできます。

H　これまでの保険料納付額

これまでに支払ってきた年金保険料の累計。会社員などの期間は厚生年金、学生時代や無職、フリーランスの期間は国民年金保険料の欄に記載されます。

I　これまでの年金加入期間

これまで年金制度に加入してきた期間が、加入制度別に記載されています。

J　これまでの加入実績に応じた年金額

これまでの加入実績に応じた年金額が、国民年金部分と厚生年金部分に分けて記載されます。（1）と（2）の合計額は、Cと同額になります。将来も働き続けて年金保険料を支払い続ければ、受け取る年金は増えます。

老後の年金を増やす方法

　老後に受け取る年金が期待していたより少なくて、がっかりする人もいるかもしれません。しかし、今からでも年金額を増やす方法はあります。

① 収入を増やす

　会社員や公務員が加入する厚生年金は、収入の額によって毎月の保険料が決まります。収入が多いと天引きされる厚生年金保険料は増えますが、老後に受け取る年金も増えます。現役時代に収入が高い人ほど老後の年金は多いので、まずは収入アップを目指すことが老後の生活の安定につながります。

② なるべく長く働き続ける

　老後に受け取る厚生年金の額は、現役時代の収入に加えて、加入していた期間の長さによって決まります。収入を増やせなくても、なるべく長く働き続けて厚生年金の加入期間を延ばせば、老後に受け取る年金を増やすことが可能です。企業には希望する従業員すべてに65歳まで働く機会を与えることが義務付けられており、70歳までの雇用の延長も努力義務になっています。

③ 繰り下げ受給をする

　老後の年金は原則として65歳に受け取り始めますが、これを遅らせることで受給額を増やすことが可能です。これを繰り下げ受給といいます。最低1年は繰り下げる必要がありますが、1カ月あたり0.7％年金額を増やす効果があります。1年繰り下げると8.4％、5年繰り下げて70歳からの受け取りにすると42％、最長となる75歳まで遅らせることができれば、84％も増やすことができます。長く働き続けて給与収入を得たり、現役時代に老後の生活資金をつくったりしておけば、繰り下げ受給をして年金の額を増やすことができるのです。

まさかの離婚!? 暮らしはどうなる?

　結婚するときは、だれもがそのパートナーと生涯添い遂げると信じているものです。しかし、厚生労働省の調査によると、2022年に結婚したカップル数は50万4930組であるのに対し、17万9099組の夫婦が離婚しています。今や離婚は特別なことではなく、だれが直面してもおかしくない問題です。

　互いに不満を抱えながら結婚生活を続けるよりも、離婚してしまったほうが精神的には楽になりますが、家計に与える影響は深刻です。例えば、共働き夫婦が離婚して、妻側が元夫から養育費を受け取って子どもを養育すると、多くの場合、世帯としての収入は離婚前より大きく減ることになります。

　一方で、必要な生活費はそこまで減らないので、家計の余裕は一気に失われます。離婚前は貯蓄ができていても離婚後はできなくなり、子どもの教育や老後のための資金の準備が難しくなるケースが大半です。妻側の収入が低い場合や、元夫からの養育費が滞ると困窮することも少なくありません。

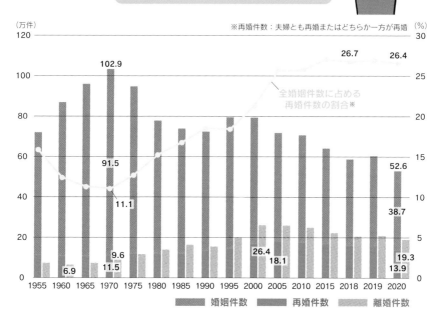

結婚・離婚・再婚件数の年次推移

（万件）　※再婚件数：夫婦とも再婚またはどちらか一方が再婚　（%）

全婚姻件数に占める再婚件数の割合※

■ 婚姻件数　■ 再婚件数　■ 離婚件数

離婚前後の家計シミュレーション

離婚前

毎月の収入項目		半年毎の収入項目		毎年の収入項目	
夫の給与	278,000円	夫の賞与(年間合計)	1,200,000円	夫	—
児童手当	25,000円	その他収入(年間合計)	—	その他収入	—
妻の給与	206,000円	妻の賞与(年間合計)	684,000円	妻	—
	—	その他収入(年間合計)	—	その他収入	—
合計	509,000円	合計	1,884,000円	合計	—

	毎月の支出項目		半年毎の支出項目		毎年の支出項目	
固定費	光熱費(電気、ガス、水道)	25,000円		—	冠婚葬祭・家具家電・服買い替え	180,000円
	通信費(新聞、携帯、電話、ネット等)	21,000円		—	帰省、レジャー	400,000円
	住宅ローン・家賃	120,000円		—	その他支出	200,000円
	保険	45,000円		—		—
変動費	食費	60,000円	合計	—	合計	780,000円
	趣味・交際費	60,000円				
	衣服・美容費	13,000円				
	教育費	50,000円				
	日用品・雑費	18,000円				
	子ども関係(おむつ、ミルクなど)	15,000円				
	使途不明金	20,000円				
	合計	447,000円				

離婚すると生活に余裕が
なくなってくる!!

> 離婚後は収入が一本になるから保険はしっかり備えておいたほうがいいにゃ。

人生にはどれぐらいのお金がかかるにゃ？

離婚後

毎月の収入項目		半年毎の収入項目		毎年の収入項目	
夫の給与	—	夫の賞与（年間合計）	—	夫	—
児童手当	25,000円	その他収入（年間合計）	—	その他収入	—
妻の給与	206,000円	妻の賞与（年間合計）	684,000円	妻	—
養育費	70,000円	その他収入（年間合計）	—	その他収入	—
合計	301,000円	合計	684,000円	合計	

	毎月の支出項目		半年毎の支出項目		毎年の支出項目	
固定費	光熱費（電気、ガス、水道）	25,000円		—	冠婚葬祭・家具家電・服買い替え	100,000円
	通信費（新聞、携帯、電話、ネット等）	11,000円			帰省、レジャー	200,000円
	住宅ローン・家賃	90,000円			その他支出	200,000円
	保険	11,000円		—		
変動費	食費	50,000円	合計	—	合計	500,000円
	趣味・交際費	30,000円				
	衣服・美容費	10,000円				
	教育費	27,500円				
	日用品・雑費	13,000円				
	子ども関係（おむつ、ミルクなど）	15,000円				
	使途不明金	20,000円				
	合計	302,500円				

> できるだけ子どもにかけるお金は減らしたくないから、ほかの支出を削らなきゃ……！

073

年収の壁を越えても働きやすくなる

　年収の壁で働く時間を抑えなくて済むように、政府が2023年10月から支援策をスタートさせています。106万円の壁に対しては、壁を越えて働いて社会保険料の負担が発生した場合に、実質的な負担増を小さくできるよう賃上げを行った企業に助成金を支給します。賃金が上がれば、106万円を超えて働いて社会保険料を負担した場合でも、これまでより手取り年収の減り方はおだやかになります。

　130万円に対しては、働く人の収入が壁を上回っても、事業主が一時的だと証明すれば引き続き被扶養者と認定されて社会保険料の負担がなくなります。

　この支援パッケージは2025年末までの暫定的な措置のため、その後どうなるかは決まっていません。ただ、こうした支援策がなくても、扶養の対象範囲は今後も縮まっていく傾向にあるので、この期間を利用して年収の壁を越えた働き方について改めて考え、トライするといいでしょう。

厚生労働省の年収の壁・支援強化パッケージ

「130万円の壁」への対応

事業主の証明による被扶養者認定の円滑化

（例）毎月10万円で働くパートの方が残業により一時的に収入増になった場合

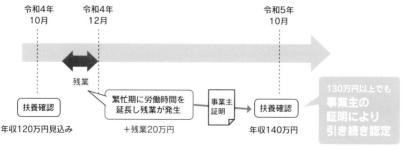

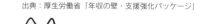
出典：厚生労働省「年収の壁・支援強化パッケージ」

第3章

効率よくお金を
貯めるには
どうすればいいにゃ？

投資と保険で賢く増やす
【資産運用術】

支出を減らして貯蓄をしても、それだけでは万全ではありません。万一の事態が起こっても家族の生活を継続していくための守りを固めながら、将来必要になるお金を積極的に増やしていきましょう。

将来必要になるお金が多過ぎる!
どうしたら用意できるの?

子どもたちの教育費を貯めないといけないし、マイホームだって欲しいよ。さらに自分たちの老後資金も用意するなんて、ちょっと無理じゃない!?

投資をすればなんとかなるかも? 預貯金よりずっと増えるらしいじゃない? 支出減で浮いたお金は、全部投資に回しちゃおうかな。

それはダメにゃ！ もし、病気やケガで働けなくなったり収入がなくなったりしたらどうするにゃ？ 投資どころではなくなるにゃ！

投資は長期で続けてこそ成果が期待できるにゃ！ 安心して投資を続けられるよう、生活の「守り」を固めることも、同じぐらい大切にゃ！

お金を貯めるカギは「攻め」と「守り」

投資をすればお金が貯まるのかな？　ほら、NISA とか、iDeCo とか、私の周りにも始めてる人いるよ。預貯金よりもずっと増えるんだって。

 投資にはリスクもあるけど、積極的にお金を増やしていく「攻め」の姿勢は大切にゃ。

投資かあ……。ちょっと怖いけど、家計のスリム化で捻出できたお金は、投資に全部回してみる！

 ちょっと待つにゃ！　全部はまずいにゃ！

どうして？　私も「貯蓄から投資へ」ってキャッチフレーズを聞いたことがあるよ？

 投資ができるのは、収入と生活費が確保できてこそにゃ。「守り」を固めることも、同じぐらい大事にゃ！

　家計の現状を把握し、ライフイベントと必要なお金がある程度見えてきたら、これらのイベントを実現するための「攻め」と「守り」の体制を固める必要があります。

　ここでいう家計の「攻め」は、必要なお金を安全な預貯金だけでなくリスクのある投資も活用して、積極的に増やしていこうとすることです。

　教育費や住宅にかかる費用に加えて、将来の老後資金もとなると、預貯金だけでは追いつきません。日本では長く低金利が続いていて、銀行に預けてもお金はほとんど増えないからです。多少リスクを取ってでも積極的に増やす選択も必要になります。

　一方「守り」は、ケガや病気など予期せぬ事態に備えるリスク管理です。家計における「攻め」にあたる投資を続けていくには、その元手となる収入が安定して確保される必要があります。急に病気やケガで働けなくなって、収入が途絶えてしまえば、日々の生活が立ち行かなくなり、投資どころではなくなってしまうのです。

　まさかの事態が起こっても、生活を続けていける備えである「守り」を固めてこそ、安心して「攻め」の投資を実行できます。家計を守るしくみは、公的な保険制度である社会保険と、自分で補う民間の保険の2つに分けられます。

　これらを上手に組み合わせて、家計の攻めと守りの体制を構築していきましょう。

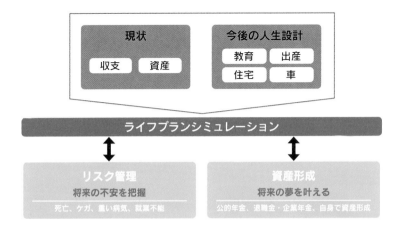

攻めと守りを両立すれば、まさかに備えながら夢を叶えられる

現状　　収支　資産

今後の人生設計　　教育　出産　住宅　車

ライフプランシミュレーション

リスク管理　　将来の不安を把握　　死亡、ケガ、重い病気、就業不能

資産形成　　将来の夢を叶える　　公的年金、退職金・企業年金、自身で資産形成

資産運用で豊かになろう

　かつて、「老後 2000 万円問題」が話題となったことを覚えているでしょうか。老後 2000 万円問題とは、2019 年に金融庁の金融審議会が、老後の家計は 2000 万円程度不足するという記載が含まれた報告書を公表したことを機に巻き起こった議論です。この 2000 万円という金額は、高齢夫婦無職世帯では、収入（主に年金）よりも支出が月 5 万円ほど上回っており、赤字になっているという平均値をもとに、その生活が 30 年継続すると仮定して導かれた金額です。

　実際には、老後の生活に必要な金額はその人のライフスタイルによって大きく異なるので、すべての世帯で一律に 2000 万円必要になるわけではありませんが、まずは 2000 万円を用意するには毎月いくらの貯蓄が必要かを計算してみましょう。

　老後に 2000 万円を預貯金で用意するには、30 歳だと毎月 4.8 万円、40 歳で 6.7 万円の積立貯蓄が必要になります。これは、実際の平均的な貯蓄額と比較しても、現実的ではないことが分かります。

一般的に、預貯金のみでは老後資金2000万円を貯めることは難しい

老後資金2000万円		月々の必要貯金額	平均貯金金額	差額
	20歳	3.7万円	2.7万円	-1.0万円
	25歳	4.2万円	2.5万円	-1.7万円
	30歳	4.8万円	2.8万円	-2.0万円
	35歳	5.6万円	3.2万円	-2.4万円
	40歳	6.7万円	3.4万円	-3.3万円

貯蓄だけじゃダメなんて、どうしたらいいの？

焦るのはまだ早いにゃ！
積立投資という手があるにゃ！

　一方、積立投資を利回り6.0%で運用できれば、成果は大きく変わります。30歳スタートの場合、月々1.4万円を投資に回していけば平均的な貯金2.8万円の半分ながら、十分に資金を貯めることができます。40歳スタートの場合でも月2.9万円で老後資金をつくれて、差額は教育費など別貯蓄に回すことができるようになるのです。

資産運用することで、老後必要資金2000万円の貯蓄が可能に

	月々の必要積立額 （利回り6%計算）	平均貯金金額	差額
老後資金2000万円 = 20歳	0.7万円	2.7万円	+2.0万円
25歳	1.0万円	2.5万円	+1.5万円
30歳	1.4万円	2.8万円	+1.4万円
35歳	2.0万円	3.2万円	+1.2万円
40歳	2.9万円	3.4万円	+0.5万円

積立投資で利回り良く運用できれば、ただ貯金するよりも少額でより効果的に資金を貯めることができるにゃ。

預貯金だけではインフレからお金を守れない

　資産運用は貯蓄と異なり、お金が増えることもあれば減ることもあるため、怖いと感じる人も多くいます。しかし、ほとんど利息の付かない日本の預貯金は、もう100％安全なお金の置き場とはいえなくなっています。積極的に資産を増やすという目的だけでなく、インフレから大切なお金を守るためにも、資産運用の必要性は高まっているのです。

　そもそも、投資のリターンはお金が減るかもしれないリスクを受け入れるからこそ得られるものです。「ハイリスクハイリターン」という言葉があるように、大きな利益が期待できるものは損失のリスクも非常に高くなります。暗号資産のように一晩でお金が大きく増えたり減ったりするものは、ハイリスクハイリターンの典型例です。

　逆に「ローリスクローリターン」の筆頭格は、預貯金です。預けたお金の額面が減る心配はありませんが、得られる利息もごくわずか。ローリスクを重視するなら、ローリターンは受け入れなければならないのです。

　要するにリスクとリターンは背中合わせなので、「ローリスクハイリターン」という都合の良い投資対象は存在しません。ましてやリスクなしで大きく増やせるということはあり得ないので、そんな金融商品を勧められても信用してはいけません。

資産運用のリスクを抑える方法

　資産運用はお金が減るかもしれないリスクを受け入れることで、お金を大きく増やせるので、リスクをゼロにすることはできません。それでも、リスクを抑え、許容できるようにする方法はあります。それが長期・分散・積立という３つのキーワードです。

長期・分散・積立？

リスクを抑える方法①　長期

　短期間で大きく資産を増やそうと思えば、高いリスクを取る必要があります。しかし、途中経過で元本割れすることも受け入れながら、長い時間をかけて資産を育てる覚悟があれば、最終的に資産を大きく増やせる期待が高まります。

　例えば、世界株の推移について言うと、2020年のコロナショックで一時大幅に株価が下落しましたが、その後持ち直し、2010年から2023年という長期的な視点でとらえ直すと右肩上がりに大きく成長していることが分かります。このように一時的な元本割れにも焦らず、長期間じっくりと運用を続けることで総合的に見るとリスクを抑え、資産を増やすことができるのです。

長期的な目で見れば株価は右肩上がりに成長している

リスクを抑える方法② 分散

　有名な投資格言に、「卵は一つのかごに盛るな」という教えがあります。同じ投資対象に資金を集中させてしまうと、それが下落したときのダメージが大きくなってしまうので、投資対象は分散させておくほうがダメージを抑えられるという意味です。

　投資をする場合、特定の企業の株式に資金を集中して投じると、うまくいった場合の利益が大きくなる半面、倒産や業績悪化などの悪材料が出た際の損失も大きくなってしまいます。リスクを抑えることを優先するのであれば、投資先は分散するのが賢い選択になります。

卵は一つのかごに盛ってはいけない

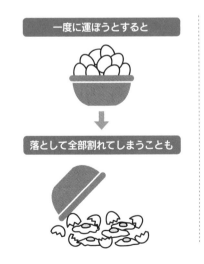

一度に運ぼうとすると

落として全部割れてしまうことも

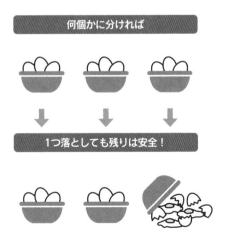

何個かに分ければ

1つ落としても残りは安全！

リスクを抑える方法③ 積立

　投資は対象だけでなくタイミングも分散することで、よりリスクを抑えることができます。一括投資の場合は、投資した直後に下落相場に見舞われると大きな損失を抱えるので、投資をするタイミングを慎重に見極める必要があります。

　しかし積立投資なら、投資した直後に暴落相場が来ても心配いりません。投資は安いときに買って高いときに売れば利益が出るので、むしろ目の前の暴落相場は格安で投資できるチャンスです。過去に株価が暴落したリーマンショックやコロナショックなどでも、こうしたタイミングで投資した人や積立投資を続けられた人の中には、あとから大きな利益を出した例もあります。積立投資をする場合、どんな相場でも過剰に一喜一憂する必要はありません。

これなら投資ビギナーの私でもできそう！

積立投資の平均購入単価のイメージ

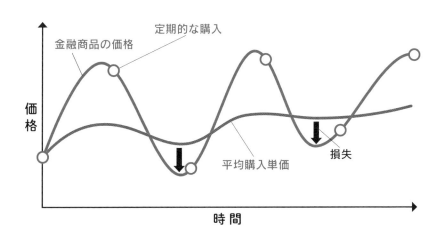

株式と債券はどちらがいいのか？

株式と債券のメリット・デメリット

	株 式	債 券
仕組み	会社のオーナーになる	会社にお金を貸す
利益	配当、売買益	利子、売買益、償還差益
リターン	無制限	限定的
リスク	高め	低め
満期	なし	あり
好景気の時	価格上昇	価格下落（金利上昇）
不景気の時	価格下落	価格上昇（金利低下）

　資産運用をするうえでオーソドックスな投資先は、株式と債券です。

　株式とは、株式会社が資金を得るために発行する有価証券です。投資家は株を買うことで、その企業の一部を保有するオーナーになることができます。上場企業の株式は株式市場で自由に売買ができるので、企業の業績や投資家からの人気によって株価は変動します。

　安いときに株を買っていた企業の株価が上昇すれば、それを株式市場で売却して利益を得ることができます。また、売らなくても保有している間は、利益の一部を配当金として受け取ることができるほか、株主優待を株主に贈る企業もあります。

　ただし、業績悪化や不祥事、倒産などの理由で株価が大きく下がることもあり、そうなると損失を出すことになってしまいます。

　日本の株式だけでなく、海外の企業の株式にも投資はできますが、海外の株式の場合、為替変動の影響も受けるため、日本の株よりもハイリスクハイリターンになります。

債券は発行体である国や企業が破綻しない限り、元本は守られる

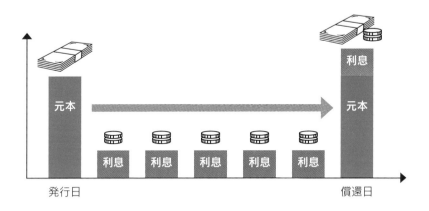

一方債券は、国や企業などの発行体が、投資家から資金を借りるために発行する有価証券です。満期が来れば額面の金額の全額が投資家に払い戻されます。利付きの債券であれば、満期まで定期的に利息も支払われます。

株式のように期待を上回る利益をもたらすことはありませんが、リスクは株式よりも低く、元本を守りながら利息収入を得られる点が大きなメリットです。

ただし、日本はほかの金利と同様に債券の金利も低く抑えられており、「攻め」の資産運用には向きません。金利収入を狙うなら、金利の高い海外の債券などを買う必要があります。

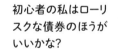
初心者の私はローリスクな債券のほうがいいかな？

どのくらいリターンが欲しいかも考えないといけないね。

低コストの投資信託を選ぼう

投資初心者におすすめの金融商品は、投資信託（ファンド、投信）です。投資信託とは、投資家から集めたお金をまとめて専門家が運用してくれる金融商品のことです。

市場平均以上の収益を目指して株式や債券を専門家が選んで投資する商品（アクティブファンド）や、投資成果が日経平均株価などの指数に機械的に連動する商品（インデックスファンド）もあります。

投資信託は、投資する際に「販売手数料」や保有している間に「信託報酬（運用管理費用）」などのコストがかかります。特に信託報酬は保有している間はずっと資産から差し引かれるコストなので、長期で保有するほど運用成績に影響してきます。インデックスファンドの場合、指数が同じなら運用成績もほぼ同じなので、なるべくコストの低い商品を選ぶことが重要です。

インデックス運用とアクティブ運用

インデックス運用

株価指数などのベンチマークに連動する運用成果をめざす

基準価額

ベンチマーク

- 対象ベンチマークとの連動をめざすため値動きが分かりやすい。
- 運用にあたり分析を必要としないため、一般的に低コスト。
- 運用成果は運用会社の力量に左右されにくい。

アクティブ運用

株価指数などのベンチマークを上回る運用成果をめざす

基準価額

ベンチマーク

- 対象ベンチマークと連動しないため値動きの理由が複雑。
- 情報収集・分析に基づいた運用を行うため、一般的に高コスト。
- 運用成果は運用会社の力量に左右される。

出典：三菱UFJ銀行「ファンド選びの考え方」

現実の金融商品は値動きが不安定

　積立投資を一定の利回りで何年続ければいくらぐらいになる、という試算は、金融庁のサイトをはじめ、ネット上にシミュレーションサイトがたくさんあるので簡単に試算できます。

　ただし、実際の金融商品は必ずしも一定の利回りで成長するわけではありません。次の折れ線グラフは、世界中の株式市場の値動きを示す「MSCI オール・カントリー・ワールド・インデックス（ACWI）」という指数に1987年から毎月1万円を積立投資した場合の資産総額です。直線は積み立ててきた総額、ゆるやかな線は年利6％で増えていった場合の資産額です。

　この期間のACWIの平均利回りは6％なので、ゴール地点はほぼ一致していますが、途中経過はまったく異なる線を描いています。平均的な利回りを上回る成績を上げている時期もあれば、大きく落ち込んでいる時期、元本割れしている時期もあります。

　最終的には大成功した積立投資であっても、その途中では相場が大きく下落したり、元本割れしてマイナスになったりすることもあります。それでも積立投資をやめることなく継続することで、のちの利益を大きくできます。積立投資は相場が良くない時でも、決してやめずに継続することが重要です。

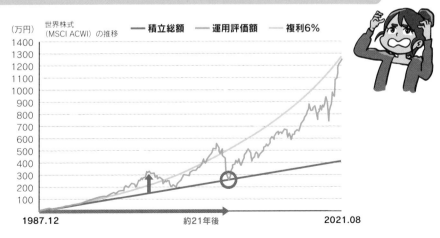

長期では大きな成果を上げても、途中は激しい値動きをしている

老後資金をつくり、現役時代も節税できるiDeCo

　本来、投資で得た利益は、課税の影響を受けて 80% ほどしか受け取ることができません。しかし、老後を見据えた資産形成をサポートするために、一定額までは課税されない投資制度として、iDeCo（個人型確定拠出年金）と NISA（少額投資非課税制度）が設けられています。

　iDeCo は現役時代から投資信託などにお金を積み立てる私的な年金制度です。会社員や公務員の場合、65 歳まで加入（積立）でき、最長で 75 歳まで運用できます。また、積み立てた掛金は所得控除の対象になります。ただし、原則 60 歳まで換金できず、積立金額にも上限があります。また、勤務先に退職金制度があったり、年金受け取りを選んだりした場合は、受け取り時に課税される可能性があります。

　ちなみに確定拠出年金には個人型の iDeCo のほかに企業型確定拠出年金（企業型DC）という企業が社員のために掛金を支払ってくれるしくみもあります。企業型 DC や企業型年金に加入する人はその分 iDeCo に積み立てられる掛金が少なくなります。

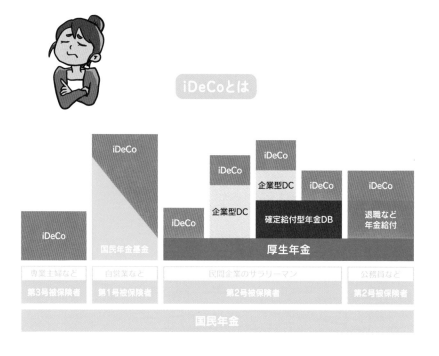

iDeCoとは

1800万円が非課税で投資できるNISA

　もうひとつ注目したいしくみが、NISA です。NISA は利益に課税されずに投資ができるしくみで、2024 年に新しい制度に刷新されたことで使い勝手やメリットが大幅に向上しました。

　iDeCo は資金を積み立てられるのが最長 65 歳まで、新規の資金を入れずに運用を続けられるのは 75 歳までというリミットがあるのに対し、NISA は無期限で非課税投資を続けられます。iDeCo と異なり、老後を待たずに換金も可能です。

　また、iDeCo は会社員の場合、最大でも月額 2 万 3000 円までしか積み立てできませんが、NISA は年間で 360 万円まで、生涯だと 1800 万円までの非課税投資ができます。しかも、投資した商品を売却した場合、翌年にはその枠が復活して再度非課税投資が可能になるので、事実上 1800 万円を超える投資が可能です。非課税投資枠は個人単位で、夫婦であれば 3600 万円になるので、一般的な収入の世帯であればNISA の範囲だけで、一度も税金を払わずに投資できる家計も多いと考えられます。

　NISA は積立投資専用の「つみたて投資枠」と、個別株などへの一括投資ができる「成長投資枠」に分かれており、成長投資枠は 1200 万円までとされていますが、積立投資であればこうした制限はなく、1800 万円すべてを積立投資に使ってもかまいません。

NISAとは

	NISA	
	成長投資枠	つみたて投資枠
制度併用	可能	
年間投資限度額	360万円	
	240万円	120万円
生涯非課税限度額	1800万円	
	（うち成長投資枠1200万円）	
売却時の限度額	買付額分の投資枠再利用可能	
非課税保有期間	無期限	
制度実施期間	2024年〜（恒久化）	
対象年齢	18歳以上の成人	
買付方法	スポット・積立	積立
対象商品	株式・投資信託・ETF・REIT	投資信託

預貯金の全額を投資に回してはいけない

　投資は長期で継続してこそ、リスクを抑え大きく育てることが可能になります。裏を返せば、短期的には損失を抱えてしまうリスクは許容しなければなりません。今使わないからといって、全額を投資に回してしまうといざ必要なタイミングで元本割れしている可能性があるのです。

　このため、10年以内に使うことが決まっているようなお金は、極力元本が守られる形でお金を置いておく必要があります。例えば、家を買う時期を決めているなら頭金が必要ですし、子どもの大学進学などで大きなお金が必要になる時期は事前に分かっています。

　すなわち、直近で必要なお金は、積立投資とは別に貯蓄をしていくことが必要です。毎月の収入は、普段使うお金である生活費、将来使う予定があるお金、そして10年以上先に使うお金（積立投資）の3つに分けて運用していきましょう。

　積立投資に回すお金は、自分のライフプランに合わせてiDeCoとNISAを使い分けて積み立てていくのがよいでしょう。

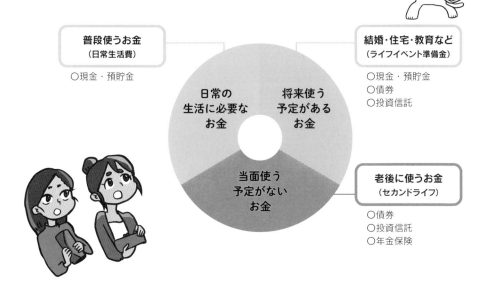

投資を始める前にお金の色分けをしよう

普段使うお金
（日常生活費）
○現金・預貯金

結婚・住宅・教育など
（ライフイベント準備金）
○現金・預貯金
○債券
○投資信託

日常の生活に必要なお金

将来使う予定があるお金

当面使う予定がないお金

老後に使うお金
（セカンドライフ）
○債券
○投資信託
○年金保険

外貨で運用するなら「債券」か「外貨建て保険」

　毎月の収入から行う積立投資以外に、投資に回せるまとまった金額があるなら、債券に分散投資する手もあります。前述したとおり、日本の債券は利回りが低いため「攻め」の運用には向きませんが、海外の債券であれば利回りの高い商品があります。その際には、発行体の信用が高いアメリカの債券やドル建ての債券を選ぶとよいでしょう。

　まとまったお金を外貨で運用するなら、一時払いの外貨建て保険を活用する方法もあります。保険というだけあって死亡時に保険金を受け取ることのできる商品もあります。

　債券は満期を待たずに売却することができますが、外貨建て保険は一般的に、加入から一定期間は解約すると解約手数料が差し引かれるため、元本割れが生じる可能性があります。ただ、外貨建て保険は支払った年に生命保険料控除の対象になるので、わずかですが節税効果があります。また、受け取り時には一時所得扱いとなり、そのときの収入によっては課税額が少なくなる場合があります。

　いずれの商品も為替リスクがあり、購入時よりも円高になると損失が生じ、円安になれば利益が出ます。

債券と外貨建て保険の特徴

	債券	外貨建て保険
売却のタイミング	満期を待たずに売却可能	加入から一定期間経たないと元本割れが発生
売却時の税金の取り扱い	申告分離課税	一時所得＋住民税

投資にもいろんな種類があるんだね。

自分にいちばんどれが合いそうか、じっくり考えることが大事にゃ！

人生何が起こるか分からない、お金のリスクに備えよう

旦那の保険料が気になるんだけど、
やめたり減らしたりするのは不安だなぁ……。

保険かあ、私もそろそろ入ったほうがいいのかな。

2人とも、もしものときは公的な備えが使えることは知っているにゃ？

公的な備え？　ナニソレ？

毎月のお給料から天引きされている社会保険のことにゃ。
民間の保険は、足りないところに絞って加入するのにゃ。
さくらの旦那さんはどんな保険に入っているかにゃ？

保険会社の人に勧められるまま
加入したみたいで、よく分からない……。

それはダメにゃ！　すぐに保障内容を確認して、過不足が
ないかをチェックするにゃ！

人生のリスクには公的な備えが用意されている

　人生にはさまざまなリスクがあります。発生時のダメージや家計への影響が大きい順に、死亡リスク、病気やケガで働けなくなるリスク、がんなどの重い病気にかかるリスク、そして病気やケガをするリスク、と4つに分けられます。これらのリスクに対しては、起こった場合のダメージが大きい順に備えていく必要があります。

　死亡や働けなくなるリスクは、年齢が若いほど発生確率は低くはなりますが、万一起こってしまったときの影響は甚大です。夫婦だけの世帯ならそれほど大きなダメージはないでしょうが、子どもがいる場合には最優先で備える必要があります。

　一方、病気やケガで治療費が発生するリスクは死亡に比べれば発生頻度は高くなりますが、ダメージもそこまで大きくはないので、備えの優先順位は低くなります。

　これらのリスクにはすべて自分で備えなければならないわけではなく、公的な備えが用意されています。「万一のために」と保険商品に加入する人は多いですが、すべてを保険で備える必要はないのです。公的なしくみを活用することを前提とし、不足分だけを保険で補うことで、家計への負担を抑えて無駄のないリスクヘッジができます。

リスクと公的保険制度

リスク高

公的保険制度

リスク	公的保険制度
死亡リスク	遺族年金制度
病気やケガで働けなくなるリスク	傷病手当金制度と障害年金制度
がんなどの重い病気リスク	高額療養費制度
病気・けがリスク	高額療養費制度

リスク低

＋

収入保障保険
定期保険

就業不能保険

がん保険
3大疾病保障保険

医療保険

死亡リスクは「遺族年金」

2024年度		夫が自営業者
子どもがいる妻		遺族基礎年金
	子ども1人の期間	8.3万円
	子ども2人の期間	10.2万円
子どもがいない妻	妻が40歳未満の期間	支給されません
	妻が40〜64歳の期間	支給されません
	妻が65歳以降の期間	妻の老齢基礎年金
		6.4万円

　私たちが加入している公的年金制度は、老後に年金を支給してくれるだけではありません。死亡した人の遺族で一定の要件を満たした遺族には、遺族年金が支給されます。

　遺族年金の額は生前の収入や子どもの数などで異なります。年収500万円の夫が亡くなった場合、子ども2人とともに残された専業主婦の妻は月額で約14.5万円の遺族年金を受け取ることができます。

夫が会社員・公務員			
年収			
350万円	400万円	450万円	500万円
遺族基礎年金＋遺族厚生年金			
11.3万円	11.7万円	12.2万円	12.6万円
13.2万円	13.6万円	14.1万円	14.5万円
遺族厚生年金			
3.0万円	3.4万円	3.9万円	4.3万円
遺族厚生年金＋中高齢寡婦加算			
7.9万円	8.3万円	8.7万円	9.1万円
遺族厚生年金＋妻の老齢基礎年金			
9.5万円	9.9万円	10.3万円	10.8万円

　これは子の加算を含めた金額なので、子が18歳の年度末を迎えるたびに減額されていきます。自営業者やフリーランスが加入する国民年金は、会社員や公務員が加入する厚生年金と比べると、遺族年金は手薄になります。

遺族年金を試算して、不足分を民間の保険で補うのが合理的にゃ！

障害が残ったときは「障害年金」

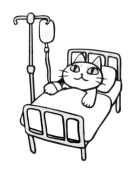

障害年金額の目安

※単位は万円

平均標準報酬月額		会社員・公務員などt			
		配偶者なし		配偶者のみ	
		年額	月額	年額	月額
障害等級1級	20	151.1	12.5	173.6	14.4
	30	177.8	14.8	200.3	16.6
	40	204.5	17.0	227.0	18.9
障害等級2級	20	120.9	10.0	143.4	11.9
	30	142.2	11.8	164.7	13.7
	40	163.6	13.6	186.1	15.5

※単位は万円

	自営業t			
	配偶者なし		配偶者のみ	
	年額	月額	年額	月額
障害等級1級	97.7	8.1	97.7	8.1
障害等級2級	78.1	6.5	78.1	6.5

| （基礎年金＋障害厚生年金） | | | |
| 配偶者と子1人 | | 配偶者と子2人 | |
年額	月額	年額	月額
96.1	16.3	218.6	18.2
22.8	18.5	245.3	20.4
49.5	20.7	272.0	22.6
65.9	13.8	188.3	15.6
87.2	15.6	209.7	17.4
08.6	17.3	231.1	19.2

| （基礎年金） | | | |
| 配偶者と子1人 | | 配偶者と子2人 | |
年額	月額	年額	月額
20.2	10.0	142.6	11.8
00.6	8.3	123.1	10.2

障害年金とは、病気やケガなどで仕事が制限される状態になった場合に受給できる公的年金です。老後の年金である老齢年金とは異なり、若い人でも要件を満たせば65歳になるまで受給できます。

障害者手帳の有無とは関係なく、糖尿病の合併症やがん、交通事故後の高次脳機能障害や慢性疲労症候群、うつ病や気分障害など幅広い傷病が対象になります。

障害年金の額の目安は左の表のとおりになりますが、働いていたときに受け取っていた給与の額の半分に満たないことが多いので、生活費として不足します。このため、不足分は民間の保険で補う必要があります。

ただし、会社員や公務員は傷病手当金と障害厚生年金の両方を受け取れるのに対し、自営業者やフリーランスが加入する国民健康保険には傷病手当金のしくみがありません。また、彼らが受け取る障害基礎年金は会社員や公務員の障害厚生年金に比べて保障が手薄なので、働けなくなるリスクに対しては自身で厚めに備えておく必要があります。

死亡リスクは定期保険と収入保障保険で補う

　遺族年金では足りない分は、定期保険と収入保障保険を組み合わせてカバーするのがおすすめです。

　定期保険は、いわゆる掛け捨ての死亡保障です。保険期間内に死亡すると死亡保険金が一括で支払われる保険商品で、10年ごとに更新するタイプと、契約者が期間を設定するタイプがあります。掛け捨てだけに、安価な保険料で必要な期間に絞って保障を受けられるというのが利点です。

　一方、収入保障保険は、死亡または所定の高度障害状態になったときに、毎月いくらといった形で保険金を一定額ずつ受け取れる保険です。給料のように毎月受け取れるので、残された家族の生活費として活用できます。一定期間、一定額を保障し続ける定期保険と異なり、時間が経つほど保険会社が支払う保険金の額が減っていくことになるため、その分保険料が割安になるというメリットがあります。

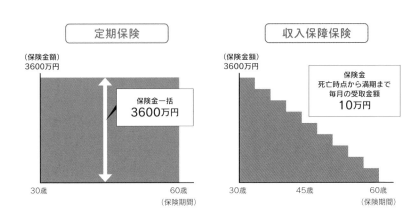

収入保障保険は必要な保障額が年々減っていくため、保険料は割安になる

働けなくなるリスクには「就業不能保険」で備える

傷病手当金と障害年金で不足する収入を就業不能保険で補う

働けなくなったときに、傷病手当金や障害年金で不足する分は、民間の就業不能保険で備えるのがいいでしょう。就業不能保険は、病気やケガで働けなくなった際に、毎月決められた給付金を受け取れる保険です。

毎月いくら受け取るかは事前に決められるので、必要な額に絞って加入しましょう。

職場でお得な制度がないかチェックを

企業の中には、福利厚生の一環として「団体長期障害所得補償保険（GLTD）」という制度を持っているところがあります。GLTDは就業不能保険の一つで、この保険に加入している事業所の職員に一定期間所得の補償をするものです。

事業所の職員が全員加入するタイプと、任意で加入するタイプがあり、前者の場合は事業者が保険料を負担してくれています。すでにこの保険に加入していれば、自分で備える必要はなくなるか、小さくできる可能性があるので、勤務先に確認しておきましょう。

任意で加入するタイプでも、自分で一般の就業不能保険に加入する場合よりも一般的には割安なので、勤務先にこの制度があれば真っ先に検討すべきです。

補償期間は定年までが一般的ですが、そうでない場合もあるので補償期間や金額について確認し、必要があれば自身で不足を補う保険に加入するとよいでしょう。

医療費がかさんだときは「高額療養費制度」

　病気になったりケガをしたりしたときに、治療費が負担になってしまうことがあります。こうしたとき、健康保険の高額療養費制度を使えば、1カ月あたりの医療費を一定額に抑えられるようになります。ただし、入院時の食事代や差額ベッド代は対象にならない点には注意が必要です。

　しかも、高額療養費制度の対象となる期間が1年以内に4カ月以上あると、「多数回該当」となり、さらに手厚い助成が受けられます。

治療が長期化した（1年）場合の費用イメージ
（年収約370万〜約770万円の人の場合）

治療費用	9万円×3カ月＋4.5万円×9カ月＝67.5万円

年間想定費用
約85万円

入院中 食費	460円×3食×17日＝2.4万円

入院中 差額ベッド	個室：約8000円×17日＝13.6万円

入院中の
治療以外の費用

高額療養費制度を活用すれば最初の3カ月は月約9万円、4カ月目以降は多数回該当で月約4.5万円で済む（収入に応じて金額は異なる）。高額療養費の対象にならない食事代と個室代を合わせても約85万円となる。※差額ベッド代は病院によって異なる。

医療費はがんに絞って備える手も

　がんはほかの病気と違って、治療期間が長くなる傾向があります。アフラックの調査によると、治療期間の平均日数は490日、全体の42％が1年以上治療を受けています。このため、がん保険に加入しておくという手もあります。

　一般的な医療保険は入院給付金の支払い日数に限度が設けられていますが、がん保険であれば無制限であったり、入院を伴わない継続的な治療に対しても給付金が受け取れたりと、医療費負担が長期にわたる場合に備えたいときにも適した商品です。

　がん保険には、がんと診断された際に一時金を受け取れるタイプのほか、がんの3大治療といわれる手術・放射線治療・抗がん剤の治療を受けた際に受け取れる治療給付金、入院や通院の日数に応じて受け取れる入院給付金や通院給付金などの種類があります。

　保障の内容をどれだけ充実させるかにもよりますが、すべての病気やケガをカバーする医療保険よりは、がん保険のほうが保険料を抑えられる傾向にあります。

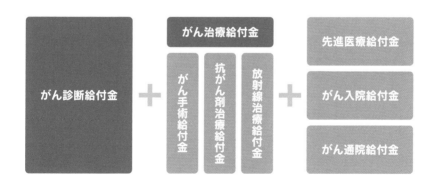

がん保険の給付金の種類

がん診断給付金　＋　がん治療給付金（がん手術給付金・抗がん剤治療給付金・放射線治療給付金）　＋　先進医療給付金・がん入院給付金・がん通院給付金

経済合理性と感情は分けて考える

　保険に加入する際には「経済合理性」と「感情」を、明確に分けて考える必要があります。例えば、病気になっても高額療養費を受ければ医療費は貯蓄で賄えるという人が、医療保険に加入しない選択をするのは経済合理的ではあります。しかしそれでも、「病気で不安なときに貯金を取り崩したくない」「お金をもらえたほうが安心できる」と、保険加入を選ぶ場合もあるでしょう。この選択には経済合理性はなく、感情に基づいています。

　保険は安心をくれるお守りのような効果もあるので、感情に基づいて保険に加入するのが一概に悪いというわけではありません。ただ、保険加入を検討する際は、その判断に経済合理性はあるのか、それとも安心するために加入するのか、安心料としての保険料が高過ぎないか、よく考えて結論を出す必要があるでしょう。

保険に加入する意味を考えることが重要

その保険に入るのは……

経済合理性が あるから？	⟷	安心したいから？

確かに、安心できるのも保険の効果ではあるよね

変額保険は要注意！

　変額保険をお金を増やす資産運用の商品としてとらえている人もいますが、注意が必要です。一見、保障の機能を持ちながら資産運用も同時にできる効率の良い商品のように見えますが、本当にそれが効率的なのかはよく考えてみる必要があります。

　変額保険は保険会社が保険料を投資信託などで運用し、その運用実績によって満期保険金や解約返戻金の額が変わる金融商品です。簡単にいえば、死亡した際に保険金を受け取れる機能がついた積立投資のようなものです。確かに商品によっては、保険金額に対して毎月の保険料が安く、保障が安く買えるものもありますが、資産運用の側面では一般的に効率が悪いことが多くなっています。

　どうせ積立投資をするのであれば、利益に課税されない NISA のつみたて投資枠を活用するほうが有利です。変額保険はつみたて投資枠の対象商品と比べてもコストが高いうえ、お金が必要になったときに解約すると死亡保障もなくなるので使い勝手もよくありません。同じ商品で攻めと守りを両取りしようとするより、明確に区別するほうが有利な商品を選びやすくなります。

変額保険は効率が悪い！？

変額保険		定期保険		NISA
保障 ＋ 資産運用	→	保障	＋	資産運用

保険を見直そう

さくら夫妻の保険加入ビフォーアフター

見直し前

夫　悟志
35歳（年収600万円）

10年更新型定期保険 （入院、がん特約付、80歳満了）	15,000円
変額保険	30,000円
合計	45,000円

妻　さくら
33歳（年収400万円）

保険加入なし

夫婦合計　45,000円

さくらのおうちの保険を
見直してみるのにゃ！

わ、なんだか保険の項目が
細かくなった!!!

見直し後

収入保障保険（月20万円）		4,020円
定期保険（20年、死亡時1000万円） （死亡時は残された側と子ども二人の生活費を月35万円と想定）		1,970円
就業不能保険（65歳まで月額20万円）		3,117円
医療保険（入院日額5000円、入院一時金）		3,066円
がん保険（診断一時金）		2,720円
	合計	14,893円

収入保障保険（月額20万円）		4,020円
就業不能保険（65歳まで月額20万円）		3,117円
がん保険（診断一時金）		2,720円
	合計	9,857円

夫婦合計　24,750円

こんなに保険料が
減ったのはどうして？

さくら一家は、夫の悟志が勤務先に出入りしている保険外交員に勧められた定期保険と、知人の紹介で外資系保険会社の変額保険に加入していました。定期保険には死亡保障に加え、病気やケガでの入院や手術で保険金が給付される医療特約と、がんと診断されたら一時金が給付されるがん特約がついていました。

　特定の保険会社の担当者についてもらい、ワンストップですべての保障をまかせてしまうのは便利そうにも見えますが、それぞれの保障は分けて加入したほうが有利です。定期保険や収入保障、就業不能、医療、がんなどの各分野には、それぞれに強い保険会社があります。有利な商品を選べるので保険料を安くできるうえ、保障が不要になったときに解約するのも簡単です。例えば医療費の出費に対応できる貯蓄ができたら医療保険は解約する、子どもが独り立ちして大きな死亡保障が不要になれば定期保険を解約し、がん保険は継続するといった柔軟な組み替えが可能になります。

　また、加入していた変額保険は投資の機能がメインだったので解約し、投資はNISAのつみたて枠を使うことにします。

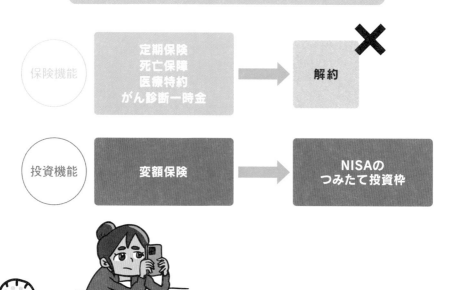

定期保険・変額保険を解約し、投資機能はNISAに

保険機能：定期保険 死亡保障 医療特約 がん診断一時金 → 解約 ✕

投資機能：変額保険 → NISAのつみたて投資枠

見直しステップ② 死亡時の備え

　加入していたこれらの保険は解約し、死亡した場合の生活費と教育費、そして働けなくなった場合の保障、がんなど病気になった際の保障に分けて、加入することにしました。

　万一夫が死亡した場合の備えとして、月20万円を受け取る収入保障保険と一時金1000万円を受け取る定期保険に加入します。収入保障保険は遺族年金と合わせて毎月の生活費にあて、定期保険で受け取る一時金は子どもの大学進学資金として取っておく想定です。死亡時の保障はどちらか一方にまとめることもできますが、生活費は毎月入金されるほうが使いやすいうえ、収入保障保険のほうが同程度の保障でも割安です。しばらくは遺族年金と収入保障保険で生活費を賄い、妻の収入は貯蓄に回して突発的な支出や老後の生活、定期保険で教育費が不足する場合に備えます。

　現状では夫の収入のほうが高く、夫の収入から教育費の貯蓄をしているので、妻死亡時の備えは収入保障保険のみとしました。

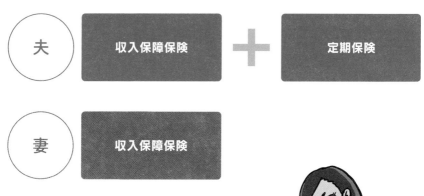

死亡した場合の備えは、収入保障保険と定期保険に

夫　収入保障保険　＋　定期保険

妻　収入保障保険

見直しステップ③ 働けなくなったときの備え

　働けなくなったときの備えとしては、夫婦それぞれで月20万円の就業不能保険に加入します。

　病気・ケガの備えとしては夫婦それぞれががん保険に、夫のみ医療保険に加入しました。医療保険は貯蓄が少ない間は夫婦ともに加入し、医療費程度の支出に対応できる貯蓄ができたら解約する形でもOKです。

　夫婦2人でこれらの保険に加入しても、すでに加入していた保険料よりも約2万円の削減に成功しました。家計のスリム化で捻出できたお金と合わせて、貯蓄と積立投資に回しましょう。

働けなくなった場合の備えは就業不能保険、病気・ケガの備えは医療保険に

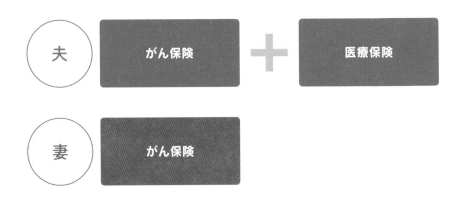

　備えは完璧にできたし、保険料が2万円も浮いたわ！
見直してよかったぁ！

加入していた保険の解約で損をすることも

保険の見直しをする際に問題になるのは、解約時に損をしてしまう保険商品があることです。すでに解説した変額保険などの保険商品は、途中で解約すると元本割れが発生する可能性もあります。このため、適正な保険に乗り換えたくても解約をためらってしまう人も多くいます。

こうした場合は、同じ保険を継続した場合の支出と期待できる運用成果、そして元本割れを受け入れて別の商品に乗り換えた場合の支出と期待できる運用成果をそれぞれシミュレーションし、比較したうえで決断することをおすすめします。例えば、変額保険であれば、継続するよりも足元では損を出しても積立投資に乗り換えるほうが、長い目で見ればお金が増えるケースが多くなります。

保険の見直しのステップ

ステップ 1
現在の保障内容を把握

ステップ 2
これから備えるべきリスクと公的保障を把握

ステップ 3
必要な保障が現在の保障内容でカバーできているか確認

ステップ 4
変額保険の継続とNISAに切り替えた場合の運用成果との比較

迷ったときは プロの力を借りよう

おかねこのおかげで将来のことが見えてきたし、攻めと守りも固めて不安もなくなったわ！

ねえ、私にもライフプランつくって！ キャッシュフローのシミュレーションと、積立投資の最適額と……。

丸投げはダメにゃ！ いったいだれの人生なのにゃ？

えっと、私と、彼だね……。

そのとおりにゃ！ モモと彼が限られたお金をどう使っていきたいか、話し合って決めるのが大事にゃ！
お金のプロは、それを実行するサポートをするにゃ！

確かに、そのとおりだよね。分かった、彼と一緒に考えるから、おかねこも相談に乗ってくれる？

もちろんにゃ！

　人生の節目にライフプランを立てたり、お金に関する大きな決断を下したりしようとするときは、豊富な専門知識を持ったプロの知恵を借りることで、より自分に合った、後悔のない選択をすることができます。老後に受け取る年金や、万が一の際に受け取る遺族年金、障害を負って働けなくなった場合に受給する障害年金の額もより詳細に試算してくれるので、無駄のない保険加入や適切な額の資産形成もサポートしてくれます。

　収入や支出、ライフプランといった話題は他人には話しにくいかもしれませんが、相手はたくさんの人のお金の相談に乗っているプロですから心配はいりません。むしろ、自分にはなかった視点や知識、新しい商品情報やアイデアなどをもたらしてくれるはずです。

　お金に関する相談をできる専門家には以下のような人たちがいます。ファイナンシャル・プランニング技能士や、AFP、CFP、証券外務員などの資格を持っている人が多くいますが、こうした資格がなくても相談業務はできます。

いろいろなお金の専門家

銀行や対面型証券会社の営業担当者
自社が扱う投資信託や債券などを提案してくれます。会社によっては保険商品も取り扱っている場合もあります。

保険会社の営業担当者
詳しいライフプランやキャッシュフロー表を作ってくれますが、販売できるのは自社商品だけです。

街の保険ショップの担当者、保険代理店の担当者
複数の保険会社の商品を扱っているので、その人に合った商品や有利な商品を提案してくれます。

IFA（独立系ファイナンシャルアドバイザー）
証券会社など特定の金融機関には属さず、独立した立場で投資アドバイスや金融商品の紹介・説明などをしながら顧客の資産運用のサポートをする人たちです。投資信託や債券のほか、保険商品も扱っています。

お金のプロを上手に活用するには

　相手はプロとはいえ、顧客の情報が何も分からなければ最適な提案はできません。このため、まずは自分に関する正確な情報をなるべく多く提供できるようにしておくと、スムーズに相談が進みます。

　具体的には、毎月どんな支出をしているかが分かる家計簿、預貯金や金融資産が分かる通帳や証券口座の資料、給与明細、源泉徴収票、現在加入している保険の証券、将来の年金額のヒントとなるねんきん定期便などを用意しておくと、説明しなくても必要な情報を把握してもらえて時短にもなります。全部がそろわなくても相談はできるので、可能な範囲でかまいません。

ライフプランをたてるために必要な資料

- **毎月の支出、年間イベント、資産額の把握**
- **給与明細**
- **源泉徴収票**
- **保険証券**
- **ねんきん定期便**
- **購入予定の住宅情報** など

　最も重要なのは、あなたや家族の考え方や価値観、希望をすべて伝えることです。

　いくら豊富な知識を持ったプロであっても、相手のことが分からなければ、多くの人に共通する教科書的な答えを出すしかなくなります。

　お金に関する相談は、その人の年齢や収入、資産の額はもちろん、生き方や価値観、家族構成、住んでいる地域などによって、最適な選択は異なります。豊富な専門知識を持ったプロフェッショナルに伴走してもらうことで、自分自身にとっての最適解にたどり着くことができます。そしてそれが、お金のプロを活用することの最も大きな価値なのです。

あなたの大切な
お金を上手に使っ
て、楽しい人生を
過ごすにゃ！

おわりに

　私たちの会社はお金の専門家として、以下の言葉を事業の目標に掲げています。

誰もがやりたいをやる決断をできる社会をつくる。

　少子高齢化とグローバリズムが加速していく中で、私たちは社会の退廃から目を背けることはできないし、明るい未来をうまく想像することができません。私たちはこれからの時代に必要とされるサービスを高度な技術を活用して提供します。そして、ある人のおかれた状況・立場・社会的資源によらず、あらゆる人に対して開かれ、有効な「お金の問題解決」をおこないます。そして私たちの誰もが、やりたいをやる決断を。

　日本は今、経済面で大きな課題を抱えています。日本銀行の資金循環統計によれば、2023年9月末で日本の個人金融資産は2000兆円超と、世界第2位の規模を誇っていますが、実はそのほとんどを年配者が有しています。さらに、グローバリズムの加速は、観光業にインバウンド効果をもたらす一方で、その他の産業が外貨の強烈なインフレにさらされるという問題を引き起こしているのです。

　このような社会情勢の煽りを受けて、社会保険料や税金の負担などが重くのしかか

り、日本の家庭は相対的に貧しい状況に陥っています。このような経済的に困難な状況を企業が経営戦略を立てて乗り切るように、家庭においては家計戦略を立案することが欠かせません。

　戦略論の大家であるリチャード・P・ルメルト氏の著名な『良い戦略、悪い戦略』という書籍の中で、企業戦略コンセプトの基本構造として「診断→基本方針→行動」を挙げています。これは今回おかねこが皆様を導いていったプロセスにほかなりません。

　第1章「お金が貯まらないのはなぜにゃ？」は診断の前段階として家計において把握しておくべきことの基本情報を網羅する形でまとめています。そして、第2章「人生にはどれぐらいのお金がかかるにゃ？」ではライフプランシミュレーションを活用した家計診断について説明しています。第3章「効率よくお金を貯めるにはどうすればいいにゃ？」ではお金を貯めるための「攻め」と「守り」について解説を行い、今後の家計に関する基本方針策定についての考え方を示しています。

　さて本書の特徴としては、一貫しておかねこが三上さくらさんと山口モモさんに対してお金の相談相手となっています。日本ではお金の相談相手として選ばれることが

多いのが、家族・友人・知人です。一方でアメリカでは医師・弁護士と並んでお金の専門家が3大アドバイザーとして認識されています。

　本書を読んでご理解いただけたかもしれませんが、家計の計画を立てるうえで網羅すべきことが多岐にわたり、それらのすべてを自分で整理して意思決定するのは容易ではありません。だからこそお金の問題を出会いで解決することが私たちは大事だと考えます。

　ただし、この出会いも良質なものでなければならず、さらにより気軽に相談できるようになることがこれからの時代には求められていくと考えています。オカネコはお金の相談マッチングプラットフォームとして数多くの方のお金の悩みをチャットやオンライン面談など時代にあった形で解決してきました。

　その悩みも資産形成、保険の見直し、住宅購入、住宅ローンの見直し、相続など非常に多岐にわたる内容です。そしてそれらのお金の悩みを一つのプラットフォームで解決できるしくみはほとんどありません。

　しかし、個人にとってお金の悩みとは家計全体のことであるはずです。資産形成を始めたらもう家計全体は大丈夫などということはありません。ライフイベント等を通

して教育費のことや住宅購入のことなど次々とお金の悩みが生まれてきます。

　そんなときにこの書籍を手に取った読者の皆様が、家計に関して網羅的に把握すべきことを理解し、家計改善に向けた基本方針を策定する際の一助となれば幸いです。

中村 仁 <small>(なかむら じん)</small>

関西大学卒業後、野村證券入社。支店営業後、野村資本市場研究所 NY 事務所にて米国金融業界の調査および日本の金融機関への経営提言を行う。帰国後、野村證券の営業戦略の立案および世界中の金融業界の調査も行う。2016 年 4 月にお金のデザインに入社し、2017 年 3 月より代表取締役 CEO 就任。2018 年 7 月より 400F 代表取締役就任。一般社団法人日本金融サービス仲介業協会代表理事会長。

本書についての
ご意見・ご感想はコチラ

お金の悩みがなくなる!
オカネコ家計教室

2024年5月30日　第1刷発行

著　　者	中村 仁
発行人	久保田貴幸
発行元	株式会社 幻冬舎メディアコンサルティング 〒151-0051 東京都渋谷区千駄ヶ谷4-9-7 電話 03-5411-6440（編集）
発売元	株式会社 幻冬舎 〒151-0051 東京都渋谷区千駄ヶ谷4-9-7 電話 03-5411-6222（営業）
印刷・製本	中央精版印刷株式会社
装　　丁	松崎 理／早樋明日実（yd）
イラスト	くまみね

検印廃止
©JIN NAKAMURA, GENTOSHA MEDIA CONSULTING 2024
Printed in Japan
ISBN 978-4-344-94795-5 C0033
幻冬舎メディアコンサルティングHP
https://www.gentosha-mc.com/